PARIS
MON AMOUR

PARIS
MON AMOUR

Jean-Claude Gautrand

EVERGREEN

EVERGREEN is an imprint of Benedikt Taschen Verlag GmbH

Originaltitel: Paris des Photographes. Les Parisiens
Originally published in France in 1996 by
Éditions Marval, Paris

Deutsche Übersetzung: Verena Vannahme, Hamburg
Koordination: Sabine Duda, Köln
Umschlaggestaltung: Angelika Taschen, Köln

Printed in Germany
ISBN 3-8228-6934-1

Inhalt

Die Wiege der Fotografie stand zwar an der Saône, gesellschaftsfähig wurde sie jedoch an den Ufern der Seine – befördert von dem Physiker und Politiker François Arago wie auch von Joseph Nicéphore Niepce und Louis Jacques Mandé Daguerre, aus deren Zusammenarbeit die Daguerreotypie hervorging, dieser »Spiegel, der ein Gedächtnis besitzt«. Tatsächlich sind die ersten »Spiegelbilder« der Stadt Daguerreotypien: der Pavillon de Flore, ein Flügel des Louvre, der Boulevard des Italiens mit den flüchtigen Umrissen eines Schuhputzers, das nahezu ausgetrocknete Bett der Seine, in dem die Kähne zum Stillstand gekommen sind, oder die Dächer von Paris mit ihrem charakteristischen Wald aus Kaminen.

Von 1839 an entspann sich eine Liaison zwischen Paris und der Fotografie. Im Laufe der Jahrzehnte entwickelte sie sich zu einer echten Liebesgeschichte, deren Zeugnisse es uns heute erlauben, eine doppelte Geschichte an uns vorbeiziehen zu lassen: die einer herrlichen Stadt und die einer neuen Kunst. Zutreffend beschrieb Goethe Paris einmal als eine Weltstadt, die einen auf Schritt und Tritt an eine große Vergangenheit erinnere, und wo sich an jeder Straßenecke Weltgeschichte abgespielt habe. Die Fotografie spiegelt nicht nur das Antlitz dieser Stadt im Wandel, sie spiegelt auch den Wandel des Blickes, des Denkens und der Vorlieben der Fotografen wider. Seit den ersten Werken Daguerres ist Paris eine sprudelnde und unerschöpfliche Quelle der Inspiration für alle Fotografen, die »Poeten des Sonnenlichts«.

Daguerre und Bayard läuteten das Goldene Zeitalter der französischen Fotografie ein, das in Paris mit Namen wie Baldus, Marville, Nègre, Regnault, Le Secq, Louis-Rémy Robert, Le Gray oder den Gebrüdern Bisson verknüpft ist, den legendären Vertretern der Kalotypie. Eine Zeitlang waren sie es, die die Welt beherrschten und viele Bilder der Stadt hinterließen, bis eine neue Ära anbrach und die großen Porträtfotografen Nadar, Carjat, Adam Salomon oder Disdéri ihren Platz einnahmen. Die interessierte Öffentlichkeit wandte sich nun von den Bildnern der Pariser Stadtlandschaften ab und jenen zu, die ein Pantheon der Pariser Berühmtheiten schufen, bevor diese ihrerseits Geschäftemachern und Industriellen Platz machten. Die Fotografie war in Bewegung; technische Neuerungen folgten rasch aufeinander, davon zeugten regelmäßig die Pariser Weltausstellungen. Auch beschleunigte sich die Verbreitung der Fotografie in ungeahntem Tempo, als sich neue Möglichkeiten boten, fotografische Bilder zu reproduzieren. Bereits 1873 begeisterte sich ganz Paris für die ersten Zeitschriften, die von Hand eingeklebte, wundervolle Sepiafotos von beachtlicher Schärfe boten. *Paris théâtre, La Galerie contemporaine, Paris portrait, Émaux et camées* publizierten regelmäßig größere Sammlungen signierter Porträts von den Großmeistern jener Zeit.

Ebenfalls in Paris veröffentlichte *Le Journal illustré* am 5. September 1886 die erste gedruckte Fotoreportage: Es handelte sich um ein Interview, das Nadar mit dem bekannten Chemiker Michel-Eugène Chevreul geführt hatte, und zu dem Sohn Paul Nadar die Fotos lieferte.

Am Ende des 19. Jahrhunderts kündigte sich ein radikaler Wandel an. Die verbesserte Lichtempfindlichkeit von Oberflächen und immer raffiniertere, doch zugleich immer bedienerfreundlichere Kameras samt Zubehör lockten rasch neue Interessenten an: die Amateure. Manche von ihnen waren illustre Zeitgenossen wie Zola, Degas oder Vuillard. Andere blieben verkannt oder unbekannt. Alle aber richteten sie ihren Blick voller Liebe und Leidenschaft auf Paris. Der berühmteste unter ihnen hinterließ ein einmaliges Werk, das erst nach seinem Tod eine angemessene Würdigung fand: Eugène Atget war unbestreitbar der erste moderne Fotograf von Pariser Ansichten. Er steht für die enge Bindung der Fotografen an Paris.

Der industrielle und kommerzielle Aufschwung wirkte sich auf Angebot und Nachfrage aus. In der Folge wurde die schöpferische Freiheit den Konsumentenwünschen geopfert. Massenware von häufig betrüblicher Banalität entstand. Parallel dazu existierte jedoch weiterhin eine rein künstlerische Strömung, deren Vertreter die lähmende Stereotypie zu überwinden suchten. Die englische Gruppe »Linked Ring« ist dafür ein Beispiel. Auf dem Kontinent traten an ihre Stelle Vereine von Rang wie der »Photo-Club de Paris« (1894), der seinen ersten Salon in der Galerie Durand-Ruel veranstaltete. Die hier neu entstehende Bewegung widmete sich der »fotografischen Kunst«.

Dank der Galionsfigur Stieglitz entwickelte sich New York zu einer Hochburg der künstlerischen Fotografie, der »pictorial photography«. 1902 gründete er die Bewegung »Photo-Secession«, die in der Zeitschrift *Camera Work* ihr offizielles Sprachrohr hatte. Das zweite Heft war Edward Steichen gewidmet, der damals am Boulevard du Montparnasse Nr. 83 in Paris lebte. Steichen fotografierte Rodin und seine Plastiken in einem eigentümlichen, dämmrigen Licht, aber auch die Pferderennen in Auteuil (1913 in *Camera Work* veröffentlicht), die Seineufer oder Berühmtheiten jener Zeit wie Yvette Guilbert, Mucha und Maeterlinck. Vor allem jedoch ermöglichten seine verschiedenen Parisaufenthalte es Steichen, Kontakte zu Avantgarde-Künstlern zu knüpfen und in New York erstmals Werke von Rodin, Matisse, Cézanne, Picasso, Braque oder Brancusi auszustellen – dies nicht zuletzt dank seiner freundschaftlichen Beziehung zu Gertrude und Leo Stein. In Paris schufen Demachy, Puyo, Bucquet und ihre Freunde verschwimmende, manieristische Fotos. Sie verweigerten sich dem banalen Abbild. Vor allem aber organisierten sie in den Salons des »Cercle artistique et littéraire« der Rue Volnay zahlreiche Ausstellungen, die beträchtliche Achtungserfolge erzielten. Die schönsten Arbeiten wurden in limitierter Auflage in dem berühmten Geschäft »Photo-Amateur« in der Rue Tronchet und in der Galerie Durand-Ruel verkauft: hierzu zählen einige der ausdrucksstärksten Stadtansichten von Charles Puyo oder solche von Demachy, der seine Arbeiten in *Camera Work* veröffentlichte und eher außerhalb Frankreichs bekannt war. Auf diese Weise entstand ein Markt, der sich in das wirtschaftlich-kulturelle Umfeld jener Zeit fügte. Der Erste Weltkrieg sollte diese Aktivitäten zum Erliegen bringen.

Neben den Ästheten, die damals im Mittelpunkt standen, gab es andere Pariser Fotografen, die ihre Suche nach der Wirklichkeit, nach dem Dokumentarbild, fortsetzten. Wieder andere versuchten sich am Schnappschuß, der erst möglich wurde, als Silberbromid-Gelatine-Trockenplatten und kleinere, tragbare Kameras auf den Markt kamen. Beladen mit Stativ und einer Plattenkamera alten Typs hätte Atget, der zum Fotografen gewordene Maler, 1897 einem großen Herrn begegnen können, der mit seiner tragbaren 13 x 18-Kamera auf dem Montmartre herumspazierte: Jules Séeberger. Dieser passionierte Amateur und Visionär machte in der Rue des Saules und den Gassen von Montmartre eine Serie von gewiß romantischen, doch bereits neorealistisch inspirierten Aufnahmen. Sie stehen am Anfang einer Familiensaga: Zwei Generationen lang prägten die Séebergers die Geschichte der Fotografie. Jules Séeberger wurde bekannt, als er sich ab 1904 an den Wettbewerben beteiligte, die im Rahmen der »Jährlichen Fotoausstellung von Pariser Ansichten« stattfanden und auf Anregung der »Kommission für das alte Paris« von der Präfektur veranstaltet wurden. Seine Bilder der Seineufer standen in völligem Gegensatz zum zeitgenössischen Stil der »künstlerischen Fotografie«, und doch erhielt er Jahr für Jahr die höchsten Auszeichnungen. Das Arrondissement Butte-Montmartre, Privatgärten und alte Häuser lieferten die Motive für nostalgische Fotoserien, die sich vom stärker dokumentarischen Werk Atgets deutlich abheben. Die Publikumserfolge, die seine Ausstellungen erzielten, und lobende Zeitungsartikel machten die Verleger auf ihn aufmerksam: so die Gebrüder Kunzli, die ab 1905 Postkarten mit Ansichten des alten Montmartre herausgaben, oder die Gebrüder Staerek, die etwas später eine Reportage von Jules Séeberger und seinen Brüdern über die spektakulären Überschwemmungen von 1910 veröffentlichten sowie weitere Beiträge zu den Themen »Jahrmarkt« oder »Pariser Feuerwehr«.

Von solchen Erfolgen nahm auch die verantwortliche Redakteurin der Zeitschrift *Mode pratique* Notiz. Sie beautragte die Séebergers mit Reportagen über Mode, die mondäne Gesellschaft und bevorzugt über Pferderennen. Bis dahin stammten derartige Fotos meist aus den großen Pariser Studios von Paul Nadar, Manuel, Reutlinger, Talbot oder Félix und waren sorgfältig gestellt und komponiert. Von 1909 an boten die Séebergers authentische Schnappschüsse an, die den Zeichnern als Vorlage dienten. Ihre Fotografien sind Dokumente der Sitten, des Geschmacks und der Lebensart einer bestimmten Gesellschaftsklasse: Auf ihnen sind keine professionellen Mannequins, sondern Damen von Welt in ihrer eigenen Garderobe abgelichtet.

Rein spielerisch und ohne jede kommerzielle Absicht widmete sich ab 1903 auch ein achtjähriger Junge dem mondänen Leben: Jacques-Henri Lartigue. Der Sohn wohlhabender Bürger war fasziniert von Spielen, Festen und der Bewegung; er war ein Autodidakt par excellence, der sich der neuen Möglichkeiten der Fotografie wunderbar zu bedienen verstand. Ihm gelangen zahlreiche Schnappschüsse von Sprüngen und Ballspielen, und in Paris fotografierte er mit Vorliebe Automobile und schöne Frauen im Bois de Boulogne. Ebenso besuchte er regelmäßig die Sportveranstaltungen im Roland-Garros, im Parc des Princes und im Buffalo. So entstand ein Bilder-Tagebuch mit mehr als 200 000 Aufnahmen, von denen ein Großteil in Frankreichs Hauptstadt entstand. Mit diesen Fotografien, die der Öffentlichkeit erst spät zugänglich gemacht wurden – Lartigue war bereits ein alter Mann, als der Wert seines Werkes erkannt wurde –, offenbart sich der Fotograf als ein begabter und phantasievoller Chronist einer sorglosen und festlich gestimmten Pariser Gesellschaft, die für ihren Charme und ihre Eleganz berühmt war. Fasziniert von Paris, der schönsten Bühne des Lebens, hielt der Jugendliche einst seine Eindrücke fest. Sie vergegenwärtigen uns heute eine ganze Epoche.

Vergnügungen, Luxus und gesellschaftliche Ereignisse waren damals nicht die einzigen Inspirationsquellen der Pariser Fotografen. Auch die Naturwissenschaften eröffneten ihnen ein breites Betätigungsfeld. Die Fotografie wurde als ein wertvolles Werkzeug zur Beobachtung betrachtet: »Die fotografische Platte ist die eigentliche Netzhaut der Gelehrten«, stellte der Astronom Janssen fest. Vom unendlich Kleinen zum unendlich Großen lichtete man alles ab. Bewegungsstudien entwickelten sich rasch zu einem bedeutsamen Interessengebiet der Naturwissenschaftler. Zwar experimentierte Eadweard Muybridge in den USA mit mehreren Kameras, um Bewegungsabläufe von Tier und Mensch festzuhalten, der Physiologe Étienne-Jules Marey in Paris ging jedoch wesentlich weiter: Mit der Erfindung seines »Chronofotografen« 1882 gelang es ihm, zwölf Bewegungssequenzen pro Sekunde auf eine einzige Platte zu bannen. Auf einem Gelände nahe dem Parc des Princes, das ihm die Stadt Paris zur Verfügung gestellt hatte, errichtete Marey in den achtziger Jahren das Hauptgebäude und verschiedene Einrichtungen der Physiologischen Station. Gemeinsam mit seinem Mitarbeiter Demeny trieb er dort seine Forschungen über die Chronofotografie und das Problem der Fortbewegung weiter. Dort gelang ihm auch ab 1890 eine erste Serie von Einzelbildern auf einem transparenten Film »durch rasche Translation mit Stopps im Augenblick der Belichtung«. Diese ersten Filme sind vor denen von Thomas Alva Edison sowie Louis und Auguste Lumière echte Vorläufer jenes Ereignisses, das die erste cinematographische Vorführung der Brüder Lumière am 28. Dezember 1895 im Indischen Salon des Grand Café de Paris am Boulevard des Capucines bedeutete. Marey war bei weitem nicht der einzige Wissenschaftler, der sich für Fotografie interessierte. Paris wurde zum Zentrum für begeisterte Pioniere, wie es das Fotolabor im Krankenhaus La Salpétrière beweist, das Jean-Martin Charcot gründete und Albert Londe von 1892 an leitete. Hier wandte man die Fotografie in der Medizin an, jedoch ebenfalls für industrielle und naturwissenschaftliche Studien. Diese Schule sollte zu einer Hochburg der fotografischen Wissenschaft werden, wo neben den Gründern auch Paul Régnard, Hippolyte Baraduc und Dr. Luys ihre Kenntnisse erweiterten. Ebenfalls in Paris wurde 1872 die erste Fotoabteilung der Polizeipräfektur geschaffen. Alphonse Bertillon begründete hier die Prinzipien einer »erkennungsdienstlichen Anthropometrie«. Und am Pariser Observatorium schließlich erstellten Loewy und Puiseux ab 1896 einen *Atlas photographique de la lune* und die Brüder Paul und Prosper Henry erarbeiteten eine fotografische Himmelskarte.

Der Erste Weltkrieg setzte den Aktivitäten in Kunst, Wissenschaft, angewandter Fotografie und Amateurfotografie ein vorläufiges Ende. 1919 jedoch stürzte sich ganz Paris wie besessen ins Vergnügen, um das Blutbad zu vergessen. Die Welt der Mode erlebte eine beispiellose Blütezeit. Die Kreationen von Vionnet, Poiret, Chanel, Lanvin, Lelong, Patou und Molyneux wurden in den neuen, auflagenstarken Zeitschriften gefeiert – so auch in *L'Officiel de la couture* (1921), *Le Jardin des Modes* (1922) oder *Adam* (1925), wo die Familie Séeberger, wo Félix, Manuel, Reutlinger, Rol oder Géniaux wieder ihres Amtes walteten. Andere Fotografen standen unter dem Einfluß Edward Steichens und einer Moderne, wie sie 1925 mit der »Exposition internationale des arts décoratifs et industriels modernes« zu einer stilbildenden Bewegung wurde. Erst durch die Fotografien von Franz Lowy, Reutlinger, Alban oder Edigio Scaioni wurde der neue Stil publik, der die dekorativen Künste, Architektur und Mode prägte – so auch in den

USA. Internationaler Wegbereiter war die *Vogue*, für deren französische wie auch New Yorker Ausgabe Georg von Hoyningen-Huene in den zwanziger Jahren in verantwortlichen Funktionen arbeitete.

Im künstlerischen Bereich nahm man die Politik der internationalen Salons der Fotokunst wieder auf. Die nun in der Rue de Clichy luxuriös untergebrachte »Société française de photographie« stellte erneut die Großen der künstlerischen Fotografie aus. Doch der Funke schien nicht mehr überzuspringen. Viele, selbst Steichen, wandten sich vom künstlerisch Unscharfen und der an Maltechniken orientierten Ästhetik zugunsten einer »reinen Photographie« ab. Manchen Fotografen wurde bewußt, daß eine neue visuelle Welt im Entstehen war, eine Welt der Formen und Gedanken, die mit dem bis dahin praktizierten Ansatz unvereinbar war. Diese Avantgardisten der Nachkriegszeit ebneten der Fotografie neue Wege. Wieder einmal spielte Paris eine bedeutende Rolle. Bereits die Arbeiten Mareys und seiner Schüler beeinflußten die Futuristen stark und fanden in deren zweitem Manifest von 1930 sogar Erwähnung. Idealer Ausdruck dieser neuen dynamischen Vision von Bewegung war Duchamps berühmter *Akt, eine Treppe herabsteigend*, ein Werk, das der Chronofotografie Albert Londes in Form und Geist sehr nahesteht. Die Surrealisten traten dann in ihre Fußstapfen, indem sie die Fotografie als ein Werkzeug benutzten, um das Geheimnis des Banalen sichtbar zu machen. Für die Ideenrevolution nach dem Ende des Ersten Weltkrieges stellte die Fotografie ein wertvolles Medium dar, mit dem die Künstler die Welt zu erfassen, die Wirklichkeit in eine Vision umzuformen und die Routine des Blicks zu erschüttern vermochten. Paris war zu jener Zeit der Ort der Begegnung, der künstlerischen Schöpfung. So wurde Man Ray zum Ideenagitator, zum phantasievollen technischen Neuerer, der sich an den ästhetischen Mutationen des Augenblicks begierig beteiligte. Er war befreundet mit Picabia und mit Marcel Duchamp, dem er in New York begegnet war, und kam 1921 nach Paris. Dort ließ er sich in der Rue Campagne-Première nieder, nur ein paar Schritte von Atgets Wohnung entfernt – von dessen Existenz er jedoch nichts wußte –, und beteiligte sich sogleich an der Dada-Bewegung. In seinem Atelier, das rasch berühmt wurde, entstanden 1922 nicht nur die Modefotos für den Couturier Paul Poiret, sondern auch die Porträts bedeutender Persönlichkeiten aus Kunst und Literatur, die in Paris Station machten oder – wie die berühmte Kiki de Montparnasse – das Leben der Stadt prägten. Parallel dazu schuf er »Photogramme«, die er »Rayografien« nannte. Zwölf von ihnen wurden 1922 unter dem Titel *Champs délicieux* mit einer Einleitung von Tristan Tzara veröffentlicht. Man Ray mußte sich einfach von den surrealistischen Theorien angezogen fühlen, die die Wirklichkeit umzustürzen, durch einen Bruch mit den Sehgewohnheiten »das Auge zu entrümpeln« suchten. Die direkte Aufzeichnung und die mechanische Wiedergabe, wie sie der Fotografie eigen sind – und der »Ecriture automatique« nahestehen –, eroberten ihn im Sturm. Man Ray schloß sich André Breton sofort an, als dieser 1924 die erste surrealistische Gruppe gründete und Herausgeber der Zeitschrift *La Révolution surréaliste* wurde, in der Bild und Text koexistierten. In Heft 11 von 1928 wurden zum ersten Mal – anonym – Bilder von Atget publiziert: Der alte Mann hatte Man Ray seine Pariser Aufnahmen angeboten. Auch Jacques-André Boiffard, eine Zeitlang Man Rays Assistent, trug Fotografien und Texte zur *Révolution surréaliste* bei. 1928 illustrierte er Bretons *Nadja*, während Roger Parry, ein Freund von Tabard, im Jahr darauf zu *Banalité*, einem Text von Léon-Paul Fargue, äußerst originelle Bilder präsentierte, die seine Annäherung an den Surrealismus markieren.

Das künstlerisch-literarische Brodeln der zwanziger Jahre sollte sich bis gegen Ende des nächsten Jahrzehnts noch verstärken und breitete sich über ganz Europa aus, wo die Künstler unter veränderten politischen Bedingungen zusammenfanden. Auch Paris sollte einen Wandel erfahren. Die »Années folles« gingen zu Ende, schwierige Jahre brachen an; doch in der Stadt herrschte, wie Brassaï schrieb, weiterhin eine »Atmosphäre der Euphorie, der Freiheit, des Nonkonformismus«. Charakteristisch für jene Jahre war der inspirierende Austausch von Ideen. Unbestreitbar entwickelten die Künstler, und besonders die Fotografen, ein ausgeprägt kosmopolitisches Selbstverständnis. Paris stand für Gedankenfreiheit, für Lebensfreude und Überschwang, die wichtigsten Fermente jeden künstlerischen Schaffens. Deshalb strömten so viele bildende Künstler und Schriftsteller aus der ganzen Welt, und besonders aus den USA, in die Stadt. Nach Man Ray kam 1923 Berenice Abbott nach Paris, die seine Assistentin wurde, ebenso Eli Lotar. Brassaï, damals Redakteur, und Germaine Krull folgten 1924, Emeric Feher 1926. Die ungarische Kolonie, Flüchtlinge des Horthy-Regimes, war ebenfalls recht groß: Ergy Landau kam 1923 nach Paris, André Kertész ließ sich 1925 in der Rue Vavin nieder, und André Steiner stieß 1927 zu ihnen.

Mit dem Aufstieg der Nationalsozialisten in Deutschland und der Machtübernahme Hitlers verstärkte sich dieser Strom in den dreißiger Jahren. 1930 kamen Ilse Bing, Florence Henri und Harry Meerson, der in Warschau geboren war, aber in Berlin gearbeitet hatte, ebenfalls in die französische Hauptstadt. 1933 folgten ihnen Robert Capa und Gisèle Freund, später dann Raoul Hausmann, Herb List, Wols, Wilhelm Maywald oder auch Erwin Blumenfeld, der seit 1918 in Holland gelebt hatte. Paris wurde zu einem echten Schmelztiegel der Fotografie.

In Montparnasse, dem legendären Künstler- und Literatenviertel, fanden Gleichgesinnte zu Gruppen zusammen: Um Man Ray, Lotar, Bill Brandt (der mit Man Ray arbeitete, Brassaï begegnete und Atget entdeckte) oder Jacques-André Boiffard versammelten sich die Surrealisten; im Café du Dôme trafen sich Kertész, Brassaï, Tzara und Zadkine, die Immigranten aus Mittel- und Osteuropa. Dies waren Jahre des Übergangs. Die »pictorial photography«, die künstlerische Fotografie, hatte sich überlebt. In Deutschland widmete man sich experimentellen Neuerungsbestrebungen. Dafür stand einerseits die berühmte Internationale Ausstellung des Werkbundes »Film und Foto« – 1929 von Moholy-Nagy und anderen Mitgliedern des Bauhauses in Stuttgart und Berlin organisiert –, von der eine neue Vision der modernen Welt und ihrer künstlerischen Interpretation ausging. Andererseits gab es die »Neue Sachlichkeit«, die eine nüchterne Ablichtung des Bildmotivs verlangt, das technisch einwandfreie Bild von peinlich genauer Wirklichkeitstreue. Und auch der Fotojournalismus gewann durch den unaufhaltsamen Aufschwung von Presse und Verlagswesen an Bedeutung.

Die deutsche Avantgarde übte ihren Einfluß bis hinein in das Künstler- und Intellektuellenmilieu von Paris aus. Moholy-Nagys Aufforderungen zum Experiment wurden von den Surrealisten gehört, die auf eine Emanzipation von überkommenen Sehgewohnheiten hinwirkten. Florence Henri, die eine Zeitlang Bauhausschülerin war, schuf quasi kubistische Bilder. Auch der neusachliche Realismus begeisterte zahlreiche Fotografen: Sie fanden in ihm einen Ansatz, die Schönheiten der Welt zu beschreiben, die den Augenmenschen bislang entgangen waren. Emmanuel Sougez wurde einer der Sprecher dieser Richtung, die den Bemühungen Edward Westons übrigens sehr nahestand.

Mit dem Gebrauch der Fotografie in der Werbung wurden Fotos auch in diesem Bereich zum Träger einer visuellen Botschaft. Die »angewandte« Fotografie, die in der Modewelt besonders verwurzelt war, erlebte in der Zeit zwischen den beiden Weltkriegen eine beachtliche Blüte und trug zur Bereicherung des fotografischen Schaffens bei. Die großen, Impulse gebenden Modefotografen arbeiteten alle in Paris: die Brüder Séeberger, Baron von Meyer und sein damaliger Assistent Daniel Masclet, von Hoyningen-Huene und sein Freund Horst P. Horst sowie Tabard, der 1928 aus den Vereinigten Staaten zurückkehrte. Zudem wuchs die Nachfrage nach Fotografien, als die ersten Illustrierten auf den Markt kamen. Dazu zählten *L'Art vivant* (1931), *La Revue du médecin* (1929), wo man vielen Fotografen freie Hand ließ, die von Charles Peignot herausgegebene *Arts et métiers graphiques* (1927), die allen Kunstformen offenstehende *Jazz* von 1929, *Détective* (1928) oder *Art et médecine* (1939), wunderschön im Tiefdruckverfahren gedruckt und reich an Fotoreportagen. Der Erfolg dieser Presse war überwältigend, und so zahlreich ständig neue Magazine auf den Markt kamen, so nachhaltig war der Durchbruch der Fotografie. Allein Gaston Gallimard brachte drei Zeitschriften heraus: *Détective* (1928), *Voilà, l'hebdomadaire du reportage* (1931), an der Kertész, François Kollar, René Zuber, Jean Boucher oder auch Pierre Verger mitarbeiteten, und *Marianne* (1933), für die Willy Ronis arbeitete.

Neben solchen reinen Illustrierten wurde die illustrierte Presse zu einem Bestandteil des Alltags, zumal sich die Leser um die gewagten Abenteuer der Reporter rissen. Überall auf der Welt wurden große Zeitschriften gegründet: Die *Berliner Illustrierte Zeitung* hatte eine Auflage von zwei Millionen Exemplaren. Von der ersten Nummer von *Life* wurden 1936 466 000 Exemplare verkauft. *Vu*, 1928 von Lucien Vogel gegründet, verstand sich als Illustrierte, die »den überstürzten Rhythmus des heutigen Lebens einfängt, eine Zeitschrift, die das gegenwärtige Leben in all seinen Äußerungen dokumentiert und darüber informiert«. Die Fotoreportage eignete sich besonders, den Rhythmus der Ereignisse wiederzugeben, und Paris entwickelte sich rasch zur Metropole des Fotojournalismus. *Vu*, für die Lucien Vogel mit Carlo Rim als Chefredakteur und Alexandre Liberman als künstlerischem Leiter mit großem Geschick dynamische Layouts für eindringliche Fotomontagen entwarf, wurde zum Prunkstück der Gattung. Seine wichtigsten Mitarbeiter waren Germaine Krull und ihr Assistent Eli Lotar, Lucien Aigner, Kitrosser, Lucien Lorelle und besonders André Kertész, den Vogel 1927 anläßlich seiner Ausstellung in der Galerie Sacre du Printemps kennengelernt hatte.

Es ist nicht ganz falsch, Kertész für den »Erfinder« dieser sozialen und doch poetischen Dokumentarfotografie zu halten, die dann Schule machte. In der ganzen Stadt spazierte er umher, immer auf der Suche nach einer unverhofften Begegnung. Er war es auch, der seinen ungarischen Freund Brassaï, der damals in Montparnasse im Hôtel des Terrasses logierte, dazu brachte, das Schreiben zugunsten der Fotografie aufzugeben und Paris bei Nacht zu erkunden, was seinerzeit neu war. Rasch wurde Brassaï zu einer schillernden Figur im Künstlermilieu von Montparnasse. Er pflegte freundschaftliche Beziehungen zu allen Malern und Schriftstellern des Viertels, zu Picasso, Dalí, Breton, Miller und vielen anderen, und porträtierte sie.

1931 wurde als Konkurrenz zu *Vu* die lebendigere, politisch eher linke Zeitschrift *Regard* gegründet. Dank ihrer exzellenten Mitarbeiter (darunter Ronis, Capa, Verger, Parry und Cartier-Bresson) rückte sie rasch an die erste Stelle. Die traditionsreiche, prächtige Zeitschrift *Illustration*, eher bürgerlicher Ausrichtung, existierte weiter, nun mit Emmanuel Sougez als Leiter der Fotoabteilung. Einige Jahre später führte die Entwicklung der illustrierten Presse zur Gründung einer Tageszeitung, in der die Fotoberichterstattung weiten Raum einnahm: In der 1931 gegründeten *Paris soir* und unter ihrem Herausgeber Prouvost erschienen Bilder etwa von Alfred Eisenstaedt, Martin Munkàcsi, Félix H. Man und Robert Capa. Und dann kam 1938, ebenfalls von Prouvost lanciert, *Match* auf den Markt und hatte augenblicklich Erfolg: Im Oktober 1939 erreichte die Zeitschrift eine Auflage von 1 400 000 Exemplaren.

Paris hatte sich zu einem wichtigen Standort für die Wort- wie für die Bildberichterstattung entwickelt. Neben den Fotografen, die frei arbeiteten, schlossen sich viele zu Agenturen zusammen. Die Agentur Keystone wurde 1920 eröffnet. Unter dem Dach von Rapho, 1933 von Charles Rado gegründet, versammelten sich zahlreiche Immigranten: Brassaï, Nora Dumas, Ergy Landau, Ylla oder etwa Émile Savitry. Maria Eisner scharte ihre Freunde, zu denen René Zuber, Pierre Boucher, Pierre Verger, Emeric Feher und Denise Bellon zählten, 1934 in der Alliance Photo um sich und vertrieb gelegentlich auch Bilder von Capa, Chim und Cartier-Bresson.

Die beiden zuletzt genannten Agenturen förderten einen anderen Blick auf die Welt und den Menschen. Eine lyrische Strömung mit Interesse für die *conditio humana* entstand, die sich zu jener »photographie humaniste« weiterentwickelte, auf die sich Paris in den fünfziger Jahren so viel zugute hielt. Nicht das Vergängliche, das Flüchtige galt es zu beschreiben, sondern das, was Baudelaire »das Ewige und Unverrückbare« nannte. Begleitet wurde diese Strömung von einem poetischen Realismus in der Literatur und vor allem im Film, der mit den gesellschaftlichen Umwälzungen durch die Volksfront 1936 einherging und das künstlerische Leben in Paris prägte. Charakteristisch für ihn ist etwa die bittersüße Dichtung Jacques Préverts mit ihren volksnahen Akzenten. Die Poesie von den Ufern der Marne, die das berühmte Foto Cartier-Bressons inspirierte, wird in den Filmen Carnés (*Nogent, Eldorado du dimanche* von 1930) spürbar, und eine gewisse Volksnähe zeigt sich auch in René Clairs Film *Unter den Dächern von Paris* von 1930. Die Lebensbedingungen von Arbeitern und Angestellten, ihre kleinen Freuden und großen Sorgen wurden zum Lieblingsthema von Filmemachern wie Duvivier (*Zünftige Bande* von 1936) und Carné (*Der Tag bricht an* von 1939), besonders aber von Fotografen, die noch oder neu im Geschäft waren wie Robert Doisneau, Willy Ronis, Émile Savitry, Pierre Jahan, André Papillon, Pierre Boucher oder Pierre Verger. Einige fanden sich in der »Association des écrivains et artistes révolutionnaires«, dem Verein der revolutionären Schriftsteller und Künstler zusammen, der im Juni 1936 in der Galerie la Pléiade »Dokumente aus dem gesellschaftlichen Leben« ausstellte.

In diesen besonders kreativen Jahren, in denen Paris eine dominierende Rolle spielte, wurden Ausstellungen und Galerien zahlreicher, in denen die Fotografie den anderen bildenden Künsten gleichwertig zur Seite gestellt wurde – darunter Le Sacre du Printemps in Montparnasse, eine Avantgarde-Galerie, die unter der Leitung von Slivinski die ersten Ausstellungen mit Arbeiten von Berenice Abbott (1926) und von André Kertész (1927) präsentierte. 1930 zeigte die »Société des artistes décorateurs« eine Auswahl deutscher Fotografien, die für neue Konzepte in der Fotokunst standen. Auch das Fotohaus Tiranty, die Galerie la Pléiade, die Galerie la Plume d'or unter der Leitung von Marcelle Schmitt und die Galerie l'Araignée unter Carlo Rim organisierten wichtige Veranstaltungen. Zu den Ereignissen jener Zeit zählte außerdem die erste unabhängige Ausstellung der Fotografie, auch »Salon de l'escalier« (Treppensalon) genannt, da die Aufnahmen im Treppenhaus des Théâtre des Champs-Élysées gezeigt wurden – und dies dank der Intervention Louis Jouvets, der mit Germaine Krull befreundet war. Ausgestellt wurden 1928 Berenice Abbott, Laure Albin-Guillot, André Kertész, Germaine Krull, Man Ray, Paul Outerbridge, Georg von Hoyningen-Huene und d'Ora, außerdem eine Hommage an Nadar und an Atget, der im Jahr zuvor gestorben war.

Beachtung verdiente auch die große Ausstellung »Groupe annuel des photographes«, die im Mai 1933 in der Galerie la Pléiade gezeigt wurde. Dort wurde die seinerzeit erste Garde der Pariser Fotografen ausgestellt: Ilse Bing, Jacques-André Boiffard, Brassaï, Caillard, Henri Cartier-Bresson, Deberny-Peignot, Nora Dumas, Assistentin von Ergy Landau, Florence Henri, Kaskell, André Kertész, François Kollar, Germaine Krull, Ergy Landau, Lee Miller, Jacques Lemare, Eli Lotar, Man Ray, Jean Moral, Rosy Ney, René-Jacques, Emmanuel Sougez, Leiter der Fotoabteilung von *L'Illustration*, Maurice Tabard, Vandor, André Vigneau, Ylla und René Zuber.

Die meisten dieser Namen waren auch im ersten Sonderheft von *Arts et métiers graphiques* (1930) vertreten, das der Fotografie gewidmet war und später jährlich erscheinen sollte. Dort wurde ein breites Panorama der Fotografie präsentiert, zusammengestellt von Sougez und meisterlich eingeleitet von Waldemar George. Das Heft war wunderschön im Tiefdruckverfahren hergestellt und gewissermaßen ein Pendant zu *Camera Work* oder *Das Deutsche Lichtbild*. Der Akzent war jedoch anders gesetzt, denn erstmals wurde die jüngste Fotografie vorgestellt. Das berühmt gewordene Heft »schlug im Künstlermilieu seinerzeit ein wie eine Bombe. Es demontierte in ein paar Runden die alte, siech gewordene Fotografie seit 1914« (Daniel Masclet).

Dem Erfolg dieses Heftes und seiner Nachfolger war es wohl zu verdanken, daß das Pariser Musée des Arts Décoratifs Charles Peignot 1936 damit beauftragte, die »Exposition internationale de la photographie contemporaine« zu organisieren, laut David Travis »die bedeutendste Ausstellung des Jahrzehnts«: Gezeigt wurden 1692 Arbeiten von all jenen, die in der internationalen Welt der Fotografie Rang und Namen hatten.

Außer in Zeitschriften und Ausstellungen konnte die breite Öffentlichkeit diese Fotografie im Umbruch in Bildbänden entdecken, die sich der Hauptstadt Frankreichs widmeten, wie *100 x Paris* (1929) von Germaine Krull oder *Paris* (1931) von Moï-Ver. 1930 schrieb Mac Orlan das Vorwort zu *Atget, photographe de Paris,* einem Buch, das das einmalige Werk dieses besessenen Fußgängers erstmals zugänglich machte. Es folgten Brassaïs berühmtes Buch *Paris de nuit* (1933) und *Paris vu par André Kertész* von 1934, ebenso die nicht weniger bekannten Bände *Paris de jour* (1934) von Raymond Schall, *Volupté de Paris* (1935) von Brassaï und *Envoûtement de Paris* von René-Jacques und François Carco.

Trotz der Wirtschaftskrise, unter der das Land seit 1931 litt, unternahmen die Verlage weitere Anstrengungen. Drucktechnische Fortschritte im Bereich der fotomechanischen Verfahren ermöglichten es nun, Bilder in guter Qualität und in großer Zahl zu reproduzieren. Charles Peignot, Jonquières, Gallimard und Skira veröffentlichten kunstgeschichtliche Werke, von renommierten Fotografen wie Emmanuel Sougez, André Vigneau und René-Jacques reich illustriert. Andere Verlage wie Arthaud, Horizons de France und Paul Hartmann präsentierten Buchreihen mit den schönsten Ansichten von Paris, aber auch aus den verschiedenen französischen Regionen. Selbst Sozialreportagen, als Buch im allgemeinen wenig präsent, konnten Erfolg haben, wie *La France travaille* beweist, ein Auftrag von Maximilian Vox an François Kollar für Horizons de France aus dem Jahr 1934.

Gegen Ende der dreißiger Jahre hatte der Fotojournalismus einen Durchbruch erzielt, im rein künstlerischen Bereich jedoch stellte sich ein Gefühl von Unzufriedenheit ein. Die Zeit der Avantgarden war vorbei, die Popularisierung des Bildes, der Akademismus der offiziellen Salons enttäuschten und irritierten manche sogar. Der Salon an der Porte de Versailles habe sich der Mittelmäßigkeit verschrieben, hieß es 1935. Die Weltausstellung von 1937, die Amateuren ebenso offenstand wie Berufsfotografen, wurde kaum besser aufgenommen: »Die Ausstellung hätte die Fotografie beinahe umgebracht.« Seltsamerweise entgingen die wunderbaren Arbeiten, die in den Zeitschriften publiziert wurden, den Augen der Kritiker völlig; nur die Fotografie der Salons fand Beachtung. Parallel dazu gewann Avantgarde-Kunst an Faszinationskraft. Sie orientierte sich stärker am Originären als an der Massenkultur.

Angesichts des qualitativen Niedergangs der Fotografie bemühten sich die Profis um eine angemessene Reaktion. In der Absicht, die »reine Fotografie« zu verteidigen, die Standards zu wahren und das massive Vordringen ausländischer Fotografen in den Markt zu bekämpfen, bildeten sie Interessengemeinschaften. So tat sich Sougez mit René Servant und Pierre Adam zusammen und gründete »Le Rectangle«, um »tadellose Fachleute« und »die besten Kräfte der französischen Fotografie aus allen Bereichen« zu versammeln. Die erste Ausstellung von »Le Rectangle« wurde 1938 in François Tuefferds Galerie Chasseur d'Images in Paris eröffnet. Alle 13 Gründungsmitglieder beteiligten sich: Pierre Adam, M. Arthaud, S. Boiron, Louis Caillaud, Yvonne Chevalier, André Garban, Pierre Jahan, Henri Lacheroy, Gaston Paris, Philippe Pottier, Jean Roubier, René Servant und Emmanuel Sougez. Begeistert begrüßte die Kritik diese »Rückkehr der französischen Fotografie zur Einfachheit und zur Loyalität gegenüber den von Nadar verkörperten Ursprüngen«. Später schlossen sich François Tuefferd, Marcel Bovis, Claude Sougez und 1941 René-Jacques diesem Freundeskreis an.

Ein Überblick über die Fotografie der dreißiger Jahre zeigt, wie erfolgreich es in Paris gelungen war, die der Kunst J.N. Niepces verpflichtete Tradition fortzuschreiben. Während sich die Fotokünstler also zu einer kleinen Akademie zusammenfanden und die Fotojournalisten dank einer florierenden und vielgestaltigen Presse brillierten, setzten die weniger beachteten Avantgardisten die Erforschung ihrer Innenwelten fort. Man Ray provozierte und überraschte weiterhin. 1937 publizierte er *La Photographie n'est pas l'art* mit einem Vorwort von André Breton. Die surrealistische Zeitschrift *Le Minotaure* brachte zahlreiche Kompositionen Brassaïs, Aufnahmen der Nacht und von Materialien, zufällig entstandenen Skulpturen, vor allem jedoch von Graffiti, auf die er bei seinen Spaziergängen aufmerksam geworden war. Diese Bilder sollten die moderne Kunst stark beeinflussen, wie die Werke Mirós, Tàpies', Dubuffets oder Boltanskis zeigen. Daneben veröffentlichte *Le Minotaure* Fotos von Man Ray und Alvarez-Bravo,

Collagen von Georges Hugnet, Jindrĭch Štryrský und Raoul Ubac sowie Bilder von Hans Bellmer, der 1936 nach Paris gekommen war, oder von Wols, der sich bereits 1933 dort niedergelassen hatte.

Solche Ansätze wurden auch von jenen zur Kenntnis genommen, die sich auf die neue und dynamische Sparte der Werbefotografie spezialisiert hatten. Die Werbung wurde als angewandte Kunst betrachtet und bot ein weites Schaffensfeld, das für eine ganze Anzahl von Fotografen attraktiv war, in Frankreich etwa Vigneau, Lorelle, Jahan, Tabard und seinen Kollegen Parry, Kollar und Zuber. Ihnen wurde außerordentlich viel Freiheit gelassen, so daß sie Phantasie und Einfallsreichtum in der »Reklame« ausleben konnten. Die Werbefotografie überschwemmte bald die Wochen- und Monatspresse. Agenturen, wie sie in den USA aus dem Boden geschossen waren, ließen sich nun auch in Paris nieder: Printel und Lecram eröffneten 1929 Synergie. Dort erhielten die Fotografen Gelegenheit, mit den besten Gebrauchsgrafikern zusammenzuarbeiten, mit Cassandre, Picart Le Doux, Savignac oder Rives. Die Galerie Billiet-Worms zeigte 1935 sogar eine Ausstellung mit den Arbeiten dieser Künstler, Gestalter und Fotografen, von denen es hieß, sie nähmen »am Leben auf der Straße, am Leben der Gemeinschaft« teil und übten eine »lebendige Kunst« aus. Signiert waren die Fotos von Duval, Zuber, Maywald, Boucher, Dora Maar und René-Jacques. Die Galerie la Pléiade zeigte im November 1935 ihrerseits eine Ausstellung mit dem Titel »La publicité et la photo« (Werbung und Fotografie), in der die bekanntesten Fotografen versammelt waren. Im Jahr darauf organisierte Kodak-Pathé eine große Schau von Werbefotos im Firmenstudio am Place Vendôme.

Das Wirken der Modefotografen sollte hier nicht vergessen werden. Sie hatten zwar ein wenig unter dem Nimbus ihrer amerikanischen Kollegen zu leiden, waren jedoch unangefochten für die Pariser Haute Couture zuständig. Die jungen Séebergers – Albert und Henri – arbeiteten gemeinsam mit ihren Vätern in ihrem Atelier am Boulevard Malesherbes für französische Zeitschriften wie *Jardin des Modes, Vu* oder etwa *Noir et blanc*, aber auch für *Harper's Bazaar*. Philippe Pottier veröffentlichte fast ausschließlich in *L'Officiel de la couture* und beeindruckte durch die Qualität seiner Bilder. Maurice Tabard experimentierte bei manchen Aufträgen für *Jardin des Modes* oder *Harper's Bazaar* mit der Umkehrentwicklung und vor allem der Solarisation, einer Verfremdungstechnik, die er meisterhaft beherrschte. Hoyningen-Huene gab die Leitung des Pariser Studios von *Vogue* in Épinay 1934 ab, weil Condé Nast ihn nach Hollywood berufen hatte, und überließ sie Horst P. Horst, der die Bildsymbolik durch die Allgegenwart von Objekten noch vertiefte. Auch André Durst, der stark vom Surrealismus beeinflußt war, arbeitete für *Vogue*, während Man Ray, den Alexei Brodovitch für *Harper's Bazaar* engagiert hatte, eine ganz eigene Vorstellung von Mode entwickelte. Erwin Blumenfeld wechselte von der *Vogue*, für die er so eigenwillige Fotos wie das des berühmten Mannequins Lisa Fonssagrives auf einem Eisenträger des Eiffelturmes gemacht hatte, ebenfalls zu *Harper's Bazaar*.

Der Zweite Weltkrieg bereitete all diesen Aktivitäten abrupt ein Ende. Für das besetzte Frankreich und für Paris brachen düstere Jahre an: Deutsche Truppen marschierten über die Champs Élysées. Unter der deutschen Besatzungsmacht und der kollaborierenden Vichy-Regierung wurden die Juden verfolgt. Die Versorgung der Bevölkerung war kaum gesichert. Eine Reihe von immigrierten Fotografen verließ das Land wieder, andere flüchteten in den unbesetzten Teil. Dem Leben und Alltag der Menschen waren strenge Restriktionen auferlegt. Um seinen Beruf ausüben zu können, mußte jeder Fotograf der Berufsvereinigung in der Rue de Clichy angehören und jeden Monat bei der »Propagandastaffel« vorstellig werden, um sich eine Karte mit jenem Vermerk versehen zu lassen, der zu ein paar wenigen Bezugsscheinen für Fotomaterial berechtigte. Das zwang die Fotografen, alles Silberhaltige zu sammeln, Gegenstände, Schmuck, Geschirr, um – je nach Gewicht des gesammelten Metalls – als Gegenwert ein paar Filme oder Fotopapier von Guilleminot oder Bauchet zu erhalten.

So organisierten alle ihr Leben so gut es eben ging. Einige zeigten sich mit ihren neuen Freunden, was ihnen Arbeitserleichterungen verschaffte, während andere sich mit Mühe und Not durchschlugen und von kleinen, glanzlosen Gelegenheitsarbeiten lebten. Brassaï weigerte sich, für die Presse der Kollaborateure zu arbeiten und begann, die Skulpturen seines Freundes Picasso abzulichten. Doisneau produzierte tagsüber Postkartenserien zum Leben Napoleons und fuhr mit dem Fahrrad zum Invalidendom, um sie dort zu verkaufen, während er nachts falsche Papiere für Widerstandskämpfer herstellte. Robert Cohen, Gründer und Fotograf der Agentur AGIP, versteckte sich unter falschem Namen irgendwo im 16. Pariser Arrondissement. Bovis machte wieder Holzschnitte. Cartier-Bresson kam in Kriegsgefangenschaft, flüchtete 1943 und suchte Zuflucht bei Tuefferd, der seine Galerie Chasseur d'Image geschlossen hatte und bald – wie Boucher, Ronis, Kollar oder Feher – auch selbst in der Provinz Zuflucht suchte. Die Pariser Presse wurde zensiert, zahlreiche Zeitschriften wurden eingestellt oder wanderten in die Provinz ab. Prouvost, der sich nach Lyon zurückgezogen hatte, gründete *7 jours*. Raymond Cartier leitete die Zeitschrift, die mehrere Korrespondenten in Paris besaß, unter ihnen Pierre Vals, Jean Moral, Michael Brodsky, Kitrosser und Roger Schall, die alle früher als Fotografen für *Match* gearbeitet hatten. 1940 erschien in Paris eine neue, unterhaltsame Wochenzeitschrift, *La Semaine*, die sich um Neutralität bemühte und an der Roger Parry mitarbeitete. Viele andere Fotografen lebten von den verschiedensten Brotarbeiten. Einige wenige waren weiterhin aktiv wie Schall, André Zucca und Sougez, der seiner Arbeit bei der weiterhin erscheinenden *L'Illustration* nachging.

Bald jedoch waren überall in Paris entlang der Straßen wieder Barrikaden zu sehen. Im August 1944 brach der Zorn eines Volkes hervor, das vier Jahre lang von den Nazis und ihren Bütteln unterdrückt, geknebelt und ausgehungert worden war. Paris erhob sich, die Pariser eroberten ihre Stadt zurück. Selbstverständlich waren die Fotografen dabei, um diese historischen Augenblicke, die Freude, die Dramen, diese denkwürdigen Tage für immer festzuhalten. Capa, de Sazo, Doisneau, Jahan, Cartier-Bresson, Zuber, Séeberger waren auf der Straße. Eine Gruppe von Fotografen – darunter Gaston Paris, Jean Préval, Jean Roubier und Roger Parry – bildete innerhalb der nationalen Widerstandsfront ein Befreiungskomitee der Fotoreporter und lieferte der Presse unter dem Signum »Photo-Presse-Libération« Reportagen. Suzanne Laroche versuchte, die Agentur Alliance Photo mit neuen Mitarbeitern wieder in Gang zu bringen: mit Robert Doisneau, Pierre Jahan, Henri Cartier-Bresson und Claude Arthaud. Keystone arbeitete uneingeschränkt, und die Agentur Safara, die während der Besatzungszeit gearbeitet hatte, machte weiter. Zahlreiche neue Bücher erschienen: *Paris délivré par son peuple* von René Zuber mit 39 Fotos, *Barricades* von Louis Gratias mit 133 Fotos oder auch *A Paris sous la botte des nazis* mit 50 Fotos des besetzten Paris, zusammengestellt von Roger Schall.

In Paris gärte es. Wie nach jeder unruhigen Phase seiner Geschichte fanden Racheaktionen statt. Der Kollaboration mit der Besatzungsmacht bezichtigt, wurden manche Fotografen festgenommen und ihre Ateliers von den Résistancekämpfern der »Forces françaises de l'intérieur« (FFI) versiegelt. Dem entging auch die Gruppe »Rectangle« nicht: Ein Mitglied versuchte sogar, einige seiner Kollegen vor das Säuberungskomitee zu bringen. Die Gruppe hielt diesem Konflikt nicht stand und löste sich auf. Alle mußten neu lernen zu leben. Capa richtete sich im Ritz ein, wo er Hemingway begegnete, später dann im Hôtel Scribe. Saint-Germain-des-Prés trat an die Stelle von Montparnasse: Die Keller hallten wider von den siegesgewissen Klängen des Jazz. Ronis und Doisneau fotografierten die Tänzer beim Bebop, und Jean-Philippe Charbonnier verewigte die Liaison zwischen Juliette Gréco und Miles Davis.

Mehr denn je hatten in der Nachkriegszeit die Reporter das Wort. Die Franzosen, vier Jahre lang entwöhnt, dürsteten nach Informationen, Bildern und Berichten. Die illustrierte Presse begann mit neuem Schwung. Neue Titel erschienen und verschwanden manchmal ebenso schnell wieder – von *Bref* (Kurz) erschien nur ein Heft, was seinen Titel rechtfertigte. 1945 kamen in Paris 34 Tageszeitungen auf den Markt! Immer neue Wochenzeitschriften erschienen: *Cavalcade, Ambiance, Noir et blanc, Plaisir de France, Point de vue* und *Images du monde* (1948 sollten beide fusionieren und Chefredakteur Albert Plécy für dieses neue Wochenblatt seine berühmte Rubrik »Salon permanent de la photo« schaffen). Prouvost gründete 1949 *Paris Match; Elle* entstand 1945, dann *Marie Claire; Regards* nahm seinen Platz von vor dem Krieg wieder ein (Ronis und Doisneau waren regelmäßige Mitarbeiter); dazu kamen *France illustration* und *Réalités* (eine wundervolle Zeitschrift, die 1945 gegründet wurde und zahllose Reportagen von Jean-Philippe Charbonnier, Édouard Boubat oder Jean-Louis Swiners publizierte).

Nachdem nun wieder Frieden herrschte, kehrten die meisten Fotografen nach Paris zurück und organisierten sich neu. Maria Eisner, ihre Erfahrungen mit Alliance Photo im Rücken, wurde zur treibenden Kraft bei der Gründung der Agentur Magnum 1947 gemeinsam mit Robert Capa, »Chim« Seymour, Cartier-Bresson, George Rodger, Bill und Rita Vandivert. Das Agenturkollektiv saß in der Rue du Faubourg Saint-Honoré und weckte das Interesse vieler. Bald schlossen sich weitere Fotografen an: Ernst Haas, Werner Bischof, Marc Riboud, Gisèle Freund, Inge Morath, Lee Miller und Eugene Smith. Suzanne Laroche versammelte mehrere ehemalige Mitglieder von Alliance Photo und gründete in der Rue Saint-Simon ADEP (Agence de documentation et d'édition photographique), wo Denise Bellon, Pierre Boucher, Pierre Verger und René Zuber einander begegneten. Die Agentur Rapho in der Rue d'Alger wurde 1945 von Raymond Grosset neu belebt. Der alten Mannschaft – Savitry, Landau, Brassaï, Ylla – schlossen sich bald Doisneau, Boubat, Ronis, Janine Niepce und Sabine Weiss an, sie alle Vertreter der »photographie humaniste«, die sich in Frankreich durchsetzte – auch diesmal gefördert durch die Filmbranche, die nach der Befreiung an ihre Vorkriegstraditionen anknüpfte. Das Tandem Carné / Prévert bestand weiter (*Pforten der Nacht*), Jacques Becker (*Zwei in Paris*) und René Clément etwa schlossen sich ihnen an. Auch der italienische Neorealismus trug zur zeitweiligen Vorherrschaft dieser zarten, optimistischen und idealistischen Bilder bei. Den Zenit erreichte diese Strömung unbestreitbar mit der Ausstellung »Family of man«, die Steichen in New York organisiert hatte und die weltweit gezeigt wurde, in Paris 1956 im Musée des Arts Décoratifs.

Auch die Fotokünstler blieben nicht untätig. Sie fanden sich ebenfalls zu Gruppen und Vereinigungen zusammen. 1946 versammelte André Garban in seinem Porträtstudio in der Rue Bourdaloue ein paar Freunde, meist ehemalige Mitglieder von »Rectangle«. Gemeinsam beschlossen sie, einen Freundeskreis der Kunstfotografen mit dem Namen »Groupe des XV« zu gründen. Dieser Kreis profilierter Persönlichkeiten zeitgenössischer Fotografie, den die Sorge um die »wahre Fotografie« umtrieb, bestand zum großen Teil aus Parisern: aus Amson, Auradon, Bovis, Yvonne Chevalier, Garban, Lacheroy, Lorelle, Masclet, Michaud, Pottier, René-Jacques, Séeberger, Sougez und Tuefferd. Der Fünfzehnte, Robert Doisneau, schloß sich ihnen wenig später an. Willy Ronis trat 1948 bei, Jahan 1949, Thérèse Le Prat und Pierre Ichac 1952. Lorelle, Masclet und Sougez entwickelten sich zu den Vordenkern der Gruppe, die wichtig für die Fotografie der fünfziger Jahre wurde.

Trotz ihrer Heterogenität verfügte die »Groupe des XV« über einen gewissen Einfluß. Von heute aus betrachtet decken ihre Arbeiten ziemlich genau das Spektrum der lebendigen Fotografie im Paris der fünfziger Jahre ab – den Fotojournalismus einmal außer acht gelassen. Von 1946 bis 1958, als die Fünfzehn sich trennten, fanden jährlich thematische Ausstellungen in der Galerie Pascaud am Boulevard Haussmann statt. Um die gleiche Zeit versanken auch andere französische Fotografen wieder in einen Dämmerschlaf, schlossen nahezu alle bestehenden Galerien und Salons. Anzumerken wäre noch, daß der »Groupe des XV« dank der Initiative von Daniel Masclet das Verdienst zukam, das Werk einiger großer amerikanischer Fotografen wie Berenice Abbott, Weston oder Youssuf Karsh durch Ausstellungen und Begegnungen in Frankreich bekanntgemacht zu haben. Sie war es auch, die 1953 in der Galerie Craven »Les maîtres de la caméra« (Die Meister der Kamera) anregte, eine internationale Ausstellung mit Werken von Sougez, Edward Weston, Cartier-Bresson, Brassaï, Man Ray, Tabard, Steinert und anderen.

Die Idee eines nationalen Salons ging zurück auf die Initiative André Garbans und die Hartnäckigkeit Lorelles und Amsons. Dank der Unterstützung durch den Konservator im Kupferstichkabinett Jean Vallerey-Radot und trotz der Bedenken von Graveuren und Malern, die Fotos an einem so angesehenen Ort nicht akzeptieren mochten, fand er in der prestigeträchtigen Galerie Mansart in der Nationalbibliothek statt. Der dritte Salon von 1948 war charakteristisch für die Entwicklungen nach dem Krieg. Die Presse berichtete ausführlich, unterstrich die große Vielfalt der Werke und hob Brassaï, Laure Albin-Guillot, Doisneau, Lorelle, Masclet, Tabard, Pottier, Ronis, Yvonne Chevalier, Boubat, Papillon, Sougez, Garban, Boucher, Auradon oder auch René-Jacques hervor. Die »photographie humaniste« stand im Vordergrund und erwies sich als bedeutende Strömung der Pariser Schule. Manche, so der Kritiker Waldemar George, waren begeistert, andere, wie Daniel Masclet, sahen nur »rührende Sentimentalität« darin. Die Ausstellung hatte großen Erfolg und wurde, was äußerst selten geschieht, auch in New York gezeigt. Dieselbe Ausstellung war 1988 übrigens als Leihgabe der USA im Centre Georges Pompidou zu sehen – welch seltsame Umkehr der Dinge.

Von Jahr zu Jahr ließ die Begeisterung jedoch nach. Die Kritik beklagte einen neuen Konformismus, den Mangel an schöpferischer Kraft. 1955 fand der letzte »salon national« statt. Die Zeit der großen Leere brach an. Obwohl offensichtlich weniger Fotobücher veröffentlicht wurden, blieb Paris für viele Verleger ein Thema. Gelegentlich brachten sie einen Gemeinschaftsband heraus: Arthaud publizierte *Iles de Paris* (1955) und die Éditions de la Nouvelle France den Band *Voyage dans Paris* (1949) mit einem Text von Mac Orlan und Fotos von Arthaud, Bovis, Jahan, René-Jacques und Roubier. Den größten Erfolg erzielten jedoch Bücher, die in Zusammenarbeit zwischen einem Fotografen und einem Schriftsteller entstanden, wie *La Banlieue de Paris* (Seghers, 1949) des »Paares« Doisneau/Cendrars, *Belleville-Ménilmontant* (Arthaud, 1952) von Willy Ronis und Mac Orlan oder wie Izis' *Paris des rêves* (Clairefontaine, 1950) und *Grand bal de printemps* (1951) mit literarischen Texten. Die Éditions Neuf publizierten 1952 Brassaïs *Paris*, und Robert Delpire, als Verleger ein Neuerer des Layouts und der grafischen Gestaltung, brachte seine Reihe *Huit* auf den Markt, mit *Les Parisiens tels qu'ils sont* von Doisneau, Brassaïs *Séville en fête* (1954), Cartier-Bressons *D'une Chine à l'autre* (1954) oder auch Bischofs *Japon*.

Peu à peu gewann die Fotografie bald an Eigenständigkeit, so in *Images à la sauvette* (Verve, 1952) und *Les Européens* (Verve, 1955) von Cartier-Bresson, besonders aber in den beiden Bänden, die einen endgültigen Bruch mit der damals üblichen Fotografie anzeigten und eine Erneuerung ankündigten. Trotz ihres kommerziellen Mißerfolgs bei Erscheinen gelten beide Werke heute als echte Inkunabeln: William Kleins *New York* (Le Seuil, 1956) und Robert Franks *Les Américains* (Delpire, 1958).

Nach der Aufbruchstimmung in den Jahren unmittelbar nach dem Krieg schienen sich Stagnation und Monotonie auszubreiten. Sie sollten zehn Jahre anhalten, unterbrochen nur von kleinen Ereignissen. Im Jahr 1951 gründete Roger Doloy den »Club photographique de Paris«, die »30 x 40«. Diese Gruppe bot in den sechziger Jahren einen der wenigen Orte, wo Platz war für eine lebendige, vielgestaltige Fotografie und wo sich alle Fotografen trafen, die in Paris Station machten. 1954 gründete Albert Plécy, Chefredakteur von *Point de vue* und *Image du monde,* die Vereinigung »Gens d'images« und stiftete gleich anschließend den »Prix Niepce«, mit dem das Werk eines Fotografen ausgezeichnet wird, und den »Prix Nadar«, der für das beste Fotobuch des Jahres verliehen wird. Die ersten Preisträger 1955 waren Jean Dieuzaide sowie Werner Bischof für sein Buch *Japon*. Bis heute existieren diese Vereinigungen in Paris und arbeiten weiter für eine bessere Verbreitung und Kenntnis der Fotografie.

Eine andere Reaktion auf die Konformität, die sich in Paris und überall in Frankreich fand: Im Jahr 1964 gründeten einige Fotografen die »Groupe libre expression«, die für eine andere Fotografie kämpfte. Ihre erste Ausstellung, 1965 in der Galerie der »Société française de photographie« (SFP) gezeigt, versammelte »fünfzehn Augenpaare, die es verstanden, die Eigentümlichkeit unseres Werdens zu entdecken und zu erfassen. Man spürt den heftigen Wunsch, die Welt zu erforschen und uns dabei einen jener Schritte weiterzubringen, die wir jeden Tag gehen müssen, wenn wir nicht Mittelmäßigkeit oder sterbenslangweilige Gewohnheit kultivieren wollen« (John Craven). Die Gruppe setzte ihre Suche und ihre Veranstaltungen trotz der offensichtlichen Feindseligkeit gewisser Kreise fort bis 1971. In diesem Jahr versammelte ihre letzte Ausstellung im Maison Toulouse Midi-Pyrénées in der Avenue Georges V einige ausländische Fotografen von Rang – Caponigro, Uelsmann und Hajek-Halke – um die Gründer Riehl, Bilet, Bertrand, Dieuzaide, Gautrand, Guilpin, Recoules und Senil.

Solche Momente konnten über den Stillstand des fotografischen Lebens in Paris nicht hinwegtäuschen. Selbst die Nationalbibliothek öffnete ihre Türen nur noch selten. Und fand eine der wenigen Ausstellungen der sechziger Jahre, nämlich die von Robert Doisneau 1968, nicht im Treppenhaus des Kupferstichkabinetts statt? Nur zwei Ausstellungen im Musée des Arts Décoratifs bleiben aus diesem Jahrzehnt in Erinnerung: »6 photographes et Paris« (Sechs Fotografen und Paris) (Janine Niepce, Doisneau, Ronis, Jean Lattès, Daniel Frasnay und Roger Pic) und vor allem »Un siècle de photographie de Niepce à Man Ray«, eine im Antwerpener Het Sterckhof dürftig präsentierte Ausstellung, die in Paris jedoch aus den Beständen der SFP und der großen Sammler (A. Jammes, F. Braives, G. Sirot, Duchesne, L. Fritz Gruber und andere) ergänzt worden war. Schüchtern wagten sich ein paar Fachzeitschriften auf den Markt, wie *Terre d'images* (1964) und *Photographie nouvelle* (1965). Doch sie lebten nur kurze Zeit. Eine einzige konnte sich halten, wurde sogar maßgeblich auf ihrem Gebiet: *Photo.* Das erste Heft erschien 1967, also in dem Jahr, in dem die Agentur Gamma gegründet wurde.

1970 war zweifellos ein entscheidendes Jahr für die französische Fotografie der zweiten Hälfte unseres Jahrhunderts. Dank der Bemühungen von Lucien Clergue, Michel Tournier und Jean-Marie Rouquette entstanden in Arles nämlich die »Rencontres internationales de la photographie«. Paris wurde aus seiner Lethargie gerissen, es schien seine Liaison mit der Fotografie noch einmal zu überdenken und betrachtete sie plötzlich mit ganz anderen Augen und neuem Interesse. 1970 öffnete in Paris La Demeure, eine anspruchsvolle Galerie am Place Saint-Sulpice mit Jean-Pierre Sudre als künstlerischem Leiter. Außerdem entstand unter der Leitung von Pierre de Fenoÿl die Galerie Rencontre in der Rue Cherche-Midi, deren erste Ausstellung Brassaï gewidmet war. Und das alte Grand Palais bot Cartier-Bresson einen Ort für seine Ausstellung »En France«.

Ein Jahr später wurde durch die Bemühungen Jean-Claude Lemagnys, eines 1968 in das Kupferstichkabinett berufenen jungen Konservators, auch die Nationalbibliothek aufgeweckt. Auf der anderen Seite der Rue Vivienne weihte sie eine kleine Galerie ein. Auf zwei Stockwerken zeigte sie eine Ausstellung, die vom New Yorker Museum of Modern Art eingerichtet worden war: »La nouvelle photographie américaine« (Neue amerikanische Fotografie). Der Blick auf diese andere visuelle Welt rüttelte die Pariser auf, die außerdem gerade eine Ausstellung von Gjon Mili im Musée des Arts Décoratifs bewundern durften.

Zudem öffneten weitere Galerien, so 1972 die Galerie Nikon und 1975 insbesondere jene von Agathe Gaillard. Am Rand von Montparnasse setzten Claude Nori und ein paar Freunde mit der Gründung von Contrejour ein Fanal des Nonkonformismus, das mit der Zeit jedoch braver wurde und sich zu einem sehr aktiven Verlag entwickelte. 1972 gründeten Claude-Raimond Dityvon, Guy Le Querrec, Martine Franck, Hervé Gloaguen, François Hers, Richard Kalvar, Jean Lattès und A. Dagbert in Paris die Agentur Viva, die sich nachdenklichen Bildern verschrieben hatte, weit entfernt von Sensationsgier und mit Blick für den Alltag. Ihre erste Ausstellung »Familles en France« (Familien in Frankreich) machte deutlich, worauf ihre Arbeit abzielte. Leider strebte die große Presse in eine andere Richtung – trotz aller Bemühungen von Christian Caujolle in der Tageszeitung *Libération*. Nach Gamma entstanden 1973 dann die Agenturen Sipa und Sygma in der französischen Hauptstadt. Dies bedeutete einen Neubeginn für den Fotojournalismus. Frankreich rückte im Bereich der Pressefotografie weit vor an die Spitze.

In die siebziger Jahre fiel unter der Schirmherrschaft des Kulturministeriums auch die Gründung der »Fondation nationale de la photographie« durch Pierre de Fenoÿl, auch wenn sie einige Jahre später von Paris nach Lyon abwanderte. 1977 fand schließlich die lang erwartete Eröffnung des Centre Georges Pompidou statt, in dem aber leider die Fotografie keinen eigenen Raum erhielt, was sich bis heute nicht geändert hat. Ein Zeichen für das neu erwachte Interesse offizieller Stellen war im Jahr 1978 die Schaffung eines »Grand prix national des arts« für die Fotografie. In den Räumen des Kulturministeriums, Rue de Louvois, wurde als erster Brassaï ausgezeichnet. Ebenfalls 1978 entstand die »Direction du patrimoine«. Ihre Aufgabe ist es, den Bestand an alten und neueren Fotos aus Stiftungen und Aufkäufen zu konservieren und zur Geltung zu bringen. Endlich wurde die Fotografie als besonders geeignetes Medium zur Bewahrung von Spuren der Zeit anerkannt und als nationales Erbe betrachtet, zumal Schenkungen von Kertész, Ronis, René-Jacques, Kollar, Bovis, Lartigue und anderen die Bestände (Nadar, Atget, Séeberger u. a.) vergrößerten.

Öffentliches Handeln folgte der Privatinitiative. Es kam zu einer engen Zusammenarbeit. So präsentierte die Nationalbibliothek 1976 die große Ausstellung »Une invention du XIXe siècle: la photographie« (Eine Erfindung des 19. Jahrhunderts: die Fotografie), die vollständig aus den unschätzbaren Archiven der »Société française de photographie« – der ältesten Fotovereinigung der Welt, da schon 1854 gegründet – bestückt wurde, die damals in winzigen Räumen in der Rue Montalambert logierte. 1980 organisierte die Stadt Paris mit »Le Mois de la photo« eine erste große Biennale. Der Erfolg war überwältigend, was ähnliche Veranstaltungen in anderen großen Städten nach sich zog. Zu den Ausstellungen während dieses ersten »Monats der Fotografie« zählte »Regards sur la photographie en France au XIXe siècle« (Blicke auf die Fotografie im Frankreich des 19. Jahrhunderts), die diesmal im Petit Palais präsentiert wurde und Schätze aus den Sammlungen der Nationalbibliothek zeigte. Mitveranstalter dieser Ausstellung von Rang war das Metropolitan Museum in New York.

»Le Mois de la photo«, der immer noch mit großem Erfolg stattfindet, hat entscheidend dazu beigetragen, das Terrain für Paris zurückzugewinnen. Durch seine Dauerausstellungen in den Räumen des »Forum des Halles«, durch die Strahlkraft mancher Veranstaltungen und seine internationale Rezeption machte »Der Monat der Fotografie« Paris wieder zum Zentrum des Fotografiegeschehens und großer Institutionen. Das vom Kulturministerium geschaffene »Centre national de la photographie« (CNP) wollte dem nicht nachstehen, richtete sich 1982 im Untergeschoß des Palais de Tokyo ein und bietet seither einen der größten Fotoausstellungsräume. 143 Jahre nach Arago wird die Bedeutung der Fotografie für die Kultur der Gegenwart endlich auch von staatlicher Seite anerkannt. Das CNP, Speerspitze einer Anfang der achtziger Jahre begonnenen Politik, logiert inzwischen im wundervollen Hôtel Salomon de Rothschild in der Rue Berryer.

Die Grenzen zwischen bildender Kunst und Fotografie verwischen zunehmend. Daher sind heute an zahlreichen Orten, die die Stadt für Kunst vorgesehen hat, Fotos zu besichtigen. So findet sich die Fotografie heute auch im Musée National d'Art Moderne, in den großen Themenausstellungen des Centre Georges Pompidou wie »Paris – Berlin«, »Paris – Paris 1937–1957« und »Images et imaginaires d'architecture«. In besonderer Weise ›interdisziplinär‹ war die ausgedehnte Ausstellung anläßlich des 150.

Geburtstages von Niepces Erfindung »L'Invention d'un art«, die in Zusammenarbeit mit dem Kupferstich- und dem Fotokabinett in der Nationalbibliothek veranstaltet wurde und gewissermaßen gekoppelt war an »L'Invention d'un regard«, eine Ausstellung, die aus gleichem Anlaß im Musée d'Orsay stattfand.

Im Paris von heute hat die Fotografie tatsächlich Revanche genommen und die Ächtung und Gleichgültigkeit besiegt, mit der man ihr lange Zeit begegnete. Nun ist sie überall präsent, im Musée Guimet ebenso wie im Musée des Arts et Traditions Populaires, in der École des Beaux-Arts wie im Institut d'Architecture. Die Verantwortlichen sind aufgefordert, die häufig auf Dachböden vergessenen Konvolute aufzuspüren und zu sichten, wodurch unvermutet Schätze wieder auftauchen.

Seit anderthalb Jahrhunderten gehen Paris und die Fotografie gemeinsam ihren Weg und teilen sich Ruhm und Ehre. Nach dem Feuer einer stürmischen Leidenschaft, nach Zeiten der Verliebtheit und solchen der plötzlichen Gleichgültigkeit pflegen sie heute eine höfliche, geregelte Beziehung. Die Turbulenzen sind vorüber, und wie ein altes Paar leben sie glücklich miteinander – komfortabel abgesichert durch die zahlreichen Institutionen, die in den letzten zehn Jahren geschaffen wurden. Die unberechenbare, verrückte, vielfältige und ambivalente Kunst hat sich anscheinend bändigen lassen. Für wie lange wohl?

Was könnte diese Idylle besser illustrieren als die Gründung des prächtigen »Maison européenne de la photographie« 1996 im Hôtel Hénault de Cantobre in der Rue François-Miron, jenem wundervollen Stadtschloß im Marais aus dem Jahre 1706? Mit der Eröffnung dieser luxuriösen Institution und der Wertschätzung, die die Fotografie durch sie erfährt, bezeugt Paris, wie wichtig diese Kunst ist, die Arago der ganzen Welt zu eben der Zeit schenkte, als Daguerre und Bayard die ersten Spiegelbilder der Metropole schufen.

Paris ist wieder die glanzvolle Welthauptstadt der Fotografie.

Ferrier et Soulier, rue Royale (stéréo sur verre), vers 1860–70
Rue Royale (stereo glass negative) · Rue Royale (Stereofotografie auf Glas)

anonyme, chute de cheval, vers 1890
Falling Horse · Stürzendes Pferd
André Kertész, *Lait de chèvre frais*, rue de Lévis, 1928
Fresh goat's milk · Frische Ziegenmilch

Séeberger, omnibus hippomobile devant la gare du Nord, vers 1910
Horse-drawn omnibus in front of the Gare du Nord · Pferdeomnibus vor dem Gare du Nord

René-Jacques, boulevard Garibaldi, 1936
André Martin, boulevard de Clichy, 1958

anonyme, chanteuse de rue, vers 1930
Street singer · Straßensängerin

Izis, boulevard de Rochechouart, 1959

André Kertész, *Saltimbanques à la fête foraine*, 1929
Acrobats at the funfair · Gaukler auf dem Jahrmarkt

André Martin, *Marchande de quatre saisons*, rue Lepic, 1958
Market tradeswoman · Gemüsehändlerin

Willy Ronis, horloger entre la place d'Aligre et la rue de Charenton, 1952
Watchmaker, between Place d'Aligre and Rue de Charenton · Uhrmacher, zwischen der Place d'Aligre und der Rue de Charenton

Janine Niepce, *L'homme au pain*, 1963
Man with bread · Der Mann mit dem Brot

Robert Doisneau, *Concierge rue Jacob*, 1945

Izis, 1er mai, place d'Alésia, 1950

Izis, 1er mai, place d'Italie, 1968

Olivier Garros, 1980

Elliott Erwitt, 1951
Richard Kalvar, rue de l'Ouest, 1974

Robert Doisneau, *Jacques Prévert au pont de Crimée*, 1955
Jacques Prévert on the Pont de Crimée · Jacques Prévert am Pont de Crimée

René-Jacques, rue de l'Évangile, 1946

René-Jacques, rue de l'Abbé-Rousselot, 1935

Henri Cartier-Bresson, *Giacometti*, rue d'Alésia, 1961

René-Jacques, angle de la rue de la Charbonnière et de la rue de Chartres, 1936
Corner of Rue de la Charbonnière and Rue de Chartres · Ecke Rue de la Charbonnière/Rue de Chartres

Christian Sarramon, rue des Lombards, 1975

Eugène Atget, *Fille publique faisant le quart*, La Villette, avril 1921
Prostitute soliciting · Wartende Dirne

Brassaï, *Belle de nuit*, quartier Italie, 1932/33
Beauty of the night · Schöne der Nacht

Marcel Bovis, rue de l'Arrivée, vers 1932

Sabine Weiss, 1953

Philippe Gautrand, rue Neuve-de-la-Garonne à Bercy, 1980
Rue Neuve-de-la-Garonne at Bercy · Rue Neuve-de-la-Garonne in Bercy

Edith-Claire Gérin, *Le passant*, pont des Arts, 1953
The passer-by · Der Passant

René Zuber, *Neige à Paris*, vers 1930
Snow in Paris · Schnee in Paris

Izis, rue du Louvre, 1944

Albert Monier, rue du Cloître-Notre-Dame, 1953

Sabine Weiss, *Homme dans le brouillard*, 1951
Man in fog · Mann im Nebel

Claude-Raimond Dityvon, parc de la Villette, 1993
Claude-Raimond Dityvon, promenade Arthur-Rimbaud, 1994

Bernard Plossu, 1988

Jacques-Henri Lartigue, *Bois de Boulogne, Francis Piqueton, champion de France de patinage « figure » en ski-jocring derrière une BB Peugeot*, 1916
Bois de Boulogne, Francis Piqueton, french figure skating champion, "motor-skiing" behind a BB Peugeot · Bois de Boulogne, Francis Piqueton, französischer Meister im Schlittschuhlaufen fährt »Motor-Ski« hinter einem BB Peugeot

Édouard Boubat, jardin du Luxembourg, 1955

André Martin, jardin des Tuileries, 1960

Philippe Gautrand, jardin des Plantes, 1987

Jean-Claude Gautrand, jardin du Luxembourg, 1987

Izis, Fontaine, place de la Concorde, 1972
Fountain · Springbrunnen

Jean-Claude Gautrand, fontaine de l'Observatoire, 1991

Philippe Gautrand, fontaine du Trocadéro, 1988

Michel Lamoureux, jardins du Trocadéro, 1985

Henri Cartier-Bresson, Palais-Royal, 1960

Jean-Louis Courtinat, jardin du musée Honoré de Balzac, 1991
Garden of the Musée Honoré de Balzac · Garten des Musée Honoré de Balzac

André Kertész, jardin du Luxembourg, 1928–30

Martine Franck, bois de Boulogne, 1979

Janine Niepce, Champ-de-Mars, 1972

Jean-Claude Gautrand, tour Eiffel, 1988
Eiffel Tower · Eiffelturm
Jean-Claude Gautrand, tour Eiffel, 1988
Eiffel Tower · Eiffelturm

Henri Cartier-Bresson, Père-Lachaise, 1932
Père-Lachaise cemetery · Friedhof Père-Lachaise

Joseph Koudelka, 1981

André Kertész, jardin des Tuileries, 1928–30

Henri Cartier-Bresson, jardin des Tuileries, 1974

Michel Dheurle, parc de Bagatelle, 1977

Michael Kenna, *Windy Trees in Paris*, 1984

André Kertész, *Manège*, 1928–29
Merry-go-round · Karussell

Séeberger, *Fêtes foraines*, avant 1914
Funfair · Jahrmarkt

Édouard Boubat, *Manège Dada*, jardin du Luxembourg, 1980

Izis, jardin des Tuileries, 1950

Izis, foire du Trône, 1962
“Foire du Trône” funfair · Jahrmarkt »Foire du Trône«

Bernard Plossu, foire du Trône, 1975
"Foire du Trône" funfair · Jahrmarkt »Foire du Trône«

Philippe Gautrand, jardin des Tuileries, 1986

Jean-Louis Courtinat, foire du Trône, 1991
"Foire du Trône" funfair · Jahrmarkt »Foire du Trône«

Willy Ronis, boulevard Garibaldi, 1955

Jean-Claude Gautrand, *Les blousons noirs*, foire du Trône, 1962
Black Jackets · Schwarze Jacken

Izis, *Fête place d'Italie*, 1949
Funfair, Place d'Italie · Jahrmarkt auf der Place d'Italie

Izis, *Minoute Prévert*, 1951

André Kertész, *La Tour Eiffel*, 1929
Eiffel Tower · Der Eiffelturm

Willy Ronis, quai de Seine, 1955
Seine river bank · Seineufer

Jean-Claude Gautrand, jardin des Tuileries, 1989

Henri Cartier-Bresson, jardin des Plantes, 1959

Édouard Boubat, jardin du Luxembourg, 1980

Robert Doisneau, *Baisers casqués*, 1966
Helmeted kisses · Küsse unterm Helm
Robert Doisneau, *Baisers Blottot*, 1950
Blottot kisses · Küsse im Blottot

Robert Doisneau, *Le Baiser de l'Hôtel de Ville*, 1950
Kiss in front of the Palace of City Hall · Der Kuß vor dem Rathaus

Willy Ronis, *Chez Gégène*, 1947

Robert Doisneau, *Les ventres du 14 juillet*, 1955
Bastille Day tummies · Zwei Bäuchlein an einem 14. Juli

Willy Ronis, *Bal du 14 juillet*, rue du Petit-Pont, 1961
Bastille Day dance · Tanz zum 14. Juli

Brassaï, *Fête populaire à Montmartre*, vers 1934
Public festival, Montmartre · Volksfest, Montmartre

Brassaï, *Couple,* jardin des Champs-Élysées, 1933
Couple · Paar

Willy Ronis, *Les adieux du permissionnaire*, 1963
End of shore leave · Der Abschied

Jean-Philippe Charbonnier, place du Bourg-Tibourg, 8 mai 1945
Guy Le Querrec, bal du 14 juillet, île Saint-Louis, 1979
Bastille Day dance · Tanz zum 14. Juli

Philippe Gautrand, RER Nation, 1982

Sabine Weiss, *Restaurant Coquet,* Montmartre, 1953

Dennis Stock, *Café de Flore,* 1958

Maurice Bucquet, terrasse du Café de la Paix, vers 1899
Terrace of the Café de la Paix · Terrasse des Café de la Paix

André Kertész, terrasse de café, Paris, 1928
Café terrace · Caféterrasse

René-Jacques, rue de la Verrerie, 1932

René-Jacques, rue de Bagnolet, 1935

Brassaï, *Gala chez Maxim's*, 1949
Gala night at Maxim's · Gala im Maxim's

Ralph Gibson, 1986

Jeanloup Sieff, *Le Café de Flore tôt le matin*, 1975
Café de Flore, early morning · Café de Flore, früh am Morgen

Izis, terrasse boulevard Saint-Germain, 1969
Café on Boulevard Saint-Germain · Café am Boulevard Saint-Germain

Édouard Boubat, Saint-Germain-des-Prés, 1953

Henri Cartier-Bresson, 1969

Jeanloup Sieff, *Au Deux Magots*, 1971
At the Deux Magots · Im Deux Magots

Peter Turnley, Mac Donalds Saint-Michel, 1982

Bernard Plossu, café à Montparnasse, 1978
Café in Montparnasse · Café in Montparnasse

Peter Turnley, quartier latin, 1980

Charles Harbutt, restaurant Rougeot, vers 1970

Michel Maïofiss, *La Joconde,* café le Mont Lozère à Beaubourg, 1977
The Mona Lisa · Mona Lisa

Michel Maïofiss, café rue de Rivoli, 1978
Café, Rue de Rivoli · Café in der Rue de Rivoli

Willy Ronis, *Chez Victor*, Belleville Ménilmontant, 1955
David Turnley, *Près de Notre-Dame,* 1975
Near Notre-Dame · In der Nähe von Notre-Dame

René-Jacques, rue de Varenne – boulevard des Invalides, 1942
Louis Stettner, *Soir de Noël*, île Saint Louis, 1951
Christmas Day evening · Weihnachtsabend

Jean-Louis Courtinat, restaurant Le Train Bleu, gare de Lyon, 1991

Janine Niepce, garçon de café, 1957
Waiter · Kellner

Robert Doisneau, « *Le petit balcon* », rue de Lappe, 1953

Burt Glinn, « Crazy Horse Saloon », 1956

Frank Horvat, cabaret « Le Sphynx », 1956

Ilse Bing, *French Cancan au « Moulin Rouge »*, Montmartre, 1931
French Cancan at the "Moulin Rouge" · French Cancan im »Moulin Rouge«

Christian Sarramon, *ouverture du « Palace » avec Grace Jones*, 1976
Opening of the "Palace" with Grace Jones · Eröffnung des »Palace« mit Grace Jones

Guy Le Querrec, « Concert Mayol », 1979

Robert Doisneau, *La trépidante Wanda*, fête foraine place Denfert-Rochereau, 1953
Gyrating Wanda, funfair, Place Denfert-Rochereau · *Die wirbelnde Wanda*, Jahrmarkt an der Place Denfert-Rochereau

Willy Ronis, cave à Saint-Germain-des-Prés, 1947
Daniel Frasnay, *Maxim Saury et son Big Band*, caveau de la Huchette, 1956

Jean-Philippe Charbonnier, Juliette Gréco et Miles Davis, salle Pleyel, 1949
Juliette Gréco and Miles Davis · Juliette Gréco und Miles Davis

Robert Doisneau, *Le regard oblique*, 1948
The Sidelong glance · Seitenblick

Martine Franck, exposition d'art belge au Grand-Palais, 1972
Exhibition of Belgian art at the Grand-Palais · Ausstellung belgischer Kunst im Grand-Palais

Willy Ronis, *Un dimanche au Louvre*, 1968
Sunday in the Louvre · Ein Sonntag im Louvre

François Le Diascorn, musée du Louvre, 1980

Jacques-Henri Lartigue, *Le jour des drags aux courses à Auteuil*, 1911
Drag Races at Auteuil racecourse · Der große Tag bei den Pferderennen von Auteuil

Edward Steichen, *Le jour du steeple-chase*, Granstand, 1905
Steeplechase day · Am Tag des Steeplechase-Rennens

Edward Steichen, *Le jour du steeple-chase après la course*, 1905
Steeplechase day after the races · Nach dem Steeplechase-Rennen

Jacques-Henri Lartigue, *Avenue du Bois de Boulogne*, 1911 | *Mary Lancret, avenue des Acacias*, 1912
Jacques-Henri Lartigue, *Au sentier de la Vertu*, 1912
On the path of virtue · Auf dem Pfad der Tugend
Jacques-Henri Lartigue, *Au bois*, 1911
At the Bois · Im Bois

Séeberger, *La mode au Bois*, 1910
Fashion in the Bois · Mode im Bois

Erwin Blumenfeld, Lisa Fonssagrives pour *Vogue* (robe de Lucien Lelon), 1939
Lisa Fonssagrives for *Vogue,* dress by Lucien Lelon · Lisa Fonssagrives für *Vogue* (Kleid von Lucien Lelon)

Maurice Tabard, *Harper's Bazaar*, vers 1950

Jean-Philippe Charbonnier, Bettina, vitrine de Van Cleefs et Arpels, place Vendôme, 1953
Bettina, shopwindow of Van Cleefs et Arpels · Bettina, Schaufenster von Van Cleefs et Arpels

Frank Horvat, *Chaussure et tour Eiffel*, 1974
Shoe and Eiffel Tower · Schuh und Eiffelturm

William Klein, Opéra pour *Vogue*, 1962
Opera for *Vogue* · Oper, für *Vogue*

William Klein, musée Grévin pour *Vogue*, 1962
Grévin waxworks for *Vogue* · Wachsfigurenkabinett Grévin, für *Vogue*

Frank Horvat, « Au chien qui fume » (les Halles), pour *Jardin des Modes*, 1957
At "Le chien qui fume" (Les Halles), for *Jardin des Modes* · »Au chien qui fume« (Les Halles), für *Jardin des Modes*

Helmut Newton, *Vogue* (France), Yves Saint-Laurent, rue Aubriot, 1975

Helmut Newton, *La tombe de Talma*, Père-Lachaise, entre 1975 et 1978
Talma's Tomb · Talmas Grab

Helmut Newton, *Bergstrøm*, entre 1975 et 1978

Jeanloup Sieff, 1959

Michel Maïofiss, *La fille au satin*, « Le Palace », 1983
Girl in satin · Das Mädchen in Satin

Bernard Plossu, 1978

Louis Stettner, *L'attente*, place Pigalle, 1951
Waiting · Warten

Humbert de Molard, Pifferari, 1846

Lewis W. Hine, gamin parisien, vers 1918
Parisian street urchin · Pariser Junge

Jacques-Henri Lartigue, *Zissou et moi en coureur automobile, auto De Dion à pneus increvables, rue Cortambert,* 1903
Zissou and I as racing-drivers, De Dion car with puncture-proof tyres, Rue Cortambert · Zissou und ich als Autorennfahrer, De Dion mit Vollgummireifen, Rue Cortambert

René-Jacques, zone de Clignancourt, 1936

Robert Doisneau, *Le saut sans corde*, Ménilmontant, 1953
Skipping without a rope · Hüpfen ohne Seil

André Kertész, *Ernest*, 1929–31

Édouard Boubat, *La petite fille aux feuilles mortes*, jardin du Luxembourg, 1946
Little girl with dead leaves · Das kleine Mädchen mit welkem Laub

Louis Stettner, *Deux façons de porter le béret*, porte d'Aubervilliers, 1947
Two ways of wearing a beret · Zwei Arten, eine Baskenmütze zu tragen

Robert Doisneau, *Les frères*, rue du Docteur Lecène, 1934
Brothers · Die Brüder

Édouard Boubat, Maubert, 1954

Henri Cartier-Bresson, rue Mouffetard, 1952

Brassaï, *Marchande de ballons au parc Montsouris*, 1931–34
Balloon-seller, Parc Montsouris · Luftballonverkäuferin im Parc Montsouris

Sabine Weiss, 1955

Robert Doisneau, *La première maîtresse*, Ménilmontant, 1935
First teacher · Die erste Lehrerin

Robert Doisneau, *Les enfants de la place Hébert*, 1957
Children, Place Hébert · Die Kinder von der Place Hébert

Édouard Boubat, jardin des Plantes, 1978

Édouard Boubat, pont au Change, 1960

David Turnley, jardin des Tuileries, 1995

Daniel Masclet, quai d'Orléans, vers 1950

Sabine Weiss, métro, 1955

Alain-Gilles Bastide, vers 1980

Eddie Kuligowski, métro Auber, 1973

Roger Schall, métro, vers 1938–39

Peter Turnley, 1981

Peter Turnley, métro Saint-Placide, 1980

Gilles Rigoulet, métro, 1977

Paul Fusco, ligne Saint-Lazare – Luxembourg, 1962
Bus route Saint-Lazare/Luxembourg · Buslinie Saint-Lazare – Luxembourg

Bruce Davidson, 1962

Stéphane Burlot, métro à Stalingrad, 1993
Stalingrad metro station · Metro an der Station Stalingrad

Charles Harbutt, boulevard du Montparnasse, 1973

Frank Horvat, gare Saint-Lazare, 1956

Bernard Plossu, gare d'Austerlitz, 1980

Frank Horvat, pont de la Concorde, 1956

Robert Doisneau, *La meute*, 1959
The pack · Die Meute

Thibault, barricades après l'attaque, rue Saint-Maur, 26 juin 1848
Barricades after the attack · Barrikaden nach dem Angriff

Hippolyte Bayard, restes de barricades rue Royale, 1848
Remnants of barricades in Rue Royale · Überreste der Barrikaden in der Rue Royale

Nadar, le « Neptune », place Saint-Pierre-de-Montmartre, 1870

Bruno-Auguste Braquehais, Montmartre, 1871
anonyme, les canons de Montmartre, 18 mars 1871
Cannons on Montmartre · Kanonen auf dem Montmartre

Auguste-Hippolyte Collard, grande barricade du père Gaillard, place de la Concorde, 1871
The Great barricade of Père Gaillard · Große Barrikade des Père Gaillard
Alphonse Liebert, l'Hôtel de Ville pendant la Commune, 1871
The Hôtel de Ville during the Paris Commune · Das Rathaus zur Zeit der Pariser Kommune

Bruno-Auguste Braquehais, communards après la chute de la colonne Vendôme, 1871
Communards after the destruction of the Vendôme column · Kommunarden nach der Zerstörung der Vendôme-Säule
Bruno-Auguste Braquehais, communards après la chute de la colonne Vendôme, 1871
Communards after the destruction of the Vendôme column · Kommunarden nach der Zerstörung der Vendôme-Säule

André Adolphe Eugène Disdéri, la colonne Vendôme brisée, 1871
The smashed Vendôme column · Die Vendôme-Säule in Trümmern
Bruno-Auguste Braquehais, après la chute de la colonne Vendôme, l'Empereur à terre, 1871
After the destruction of the Vendôme column, the emperor on the ground · Nach der Zerstörung der Vendôme-Säule, der Kaiser am Boden

Keystone, usine en grève, 1936
Factory on strike · Bestreikte Fabrik

David Seymour « Chim », usine en grève, juin 1936
Factory on strike · Bestreikte Fabrik

Willy Ronis, Rose Zehner, grève chez Citroën, 1938
Rose Zehner, Strike at Citroën · Rose Zehner, Streik bei Citroën

Keystone, grévistes du bâtiment dans le bois de Vincennes, juin 1936
Striking construction workers in the Bois de Vincennes · Streikende Bauarbeiter im Bois de Vincennes

Robert Capa, meeting électoral, Paris 1936
Show of hands · Wahlversammlung

Robert Capa, place de la Bastille, 14 juillet 1936

Brassaï, grévistes du Front populaire, 1936
Popular Front strikers · Streikende der Volksfront

Willy Ronis, 14 juillet rue du faubourg Saint-Antoine, 1936
Bastille Day, Rue du Faubourg Saint-Antoine · Am 14. Juli in der Rue du Faubourg Saint-Antoine

Roger Schall, parade aux Champs-Élysées, juin 1940
Parade on the Champs-Elysées · Parade auf den Champs-Élysées

Roger Schall, « Le Shéhérazade », 1940

Roger Parry, boulevard Poissonnière, 1943

Roger Schall, queue rue de Belleville, hiver 1944
Queue in Rue de Belleville · Warteschlange in der Rue de Belleville

Roger Schall, boulevard de Rochechouart, 1943–44

Robert Doisneau, *Vélo-taxi*, avenue de l'Opéra, hiver 1940
Rickshaw · Fahrrad-Taxi

Pierre Vals, *Un paysan vient vendre sa vache à Paris affamé*, 25 août 1944
A farmer comes to starving Paris to sell his cow · Ein Bauer kommt ins hungernde Paris, um seine Kuh zu verkaufen

Robert Doisneau, place Saint-Michel, août 1944

Pierre Jahan, construction d'une barricade, août 1944
Building a barricade · Bau einer Barrikade

Henri Cartier-Bresson, rue Saint-Honoré, 1944

René Zuber, *FFI sur la barricade*, 1944
FFI resistance fighters on a barricade · Résistance-Kämpfer auf einer Barrikade

Robert Doisneau, *Le repos du FFI*, août 1944
Rest for the resistance fighter · Die Rast des Résistance-Kämpfers

Pierre Roughol, *La boulangère de l'île Saint-Louis*, août 1944
The backer's wife of the Île Saint-Louis · Die Bäckerin von der Île Saint-Louis

Jarnoux, *La foule salue le Général de Gaulle*, place de la Concorde, 26 août 1944
The crowd greets General de Gaulle · Die Menge begrüßt General de Gaulle

Robert Capa, libération de Paris, Champs-Élysées, 25 août 1944
Liberation of Paris · Die Befreiung von Paris

Pierre Vals, *Soldat vaincu*, 25 août 1944
Defeated soldier · Besiegter Soldat

Jean Séeberger, *Retrouvailles de deux frères,* place de l'Hôtel-de-Ville, 26 août 1944
Two brothers reunited · Wiedersehen zweier Brüder

Claude-Raimond Dityvon, boulevard Saint-Michel, 23 mai 1968

Bertrand Laforêt, rue Gay-Lussac, 10 mai 1968

Henri Cartier-Bresson, boulevard Saint-Michel, mai 1968
Gilles Caron, rue Saint-Jacques, 10 juin 1968

Manuel Bidermanas, boulevard Saint-Germain, mai 1968

Jean Pottier, *Les pavés de 68*
The cobblestones of '68 · Die Pflastersteine von 68

Claude-Raimond Dityvon, boulevard Saint-Germain, 21 mai 1968
Claude-Raimond Dityvon, boulevard Saint-Germain, 6 mai 1968

Claude-Raimond Dityvon, prise de la Sorbonne, boulevard Saint-Michel, 12 juin 1968
Occupation of the Sorbonne · Sturm auf die Sorbonne
Henri Cartier-Bresson, rue de Lyon, mai 1968

préfecture de Police, manifestation place de la Bastille, 29 mai 1968
Demonstration, Place de la Bastille · Demonstration an der Place de la Bastille

préfecture de Police, manifestation place de la République, 1968
Demonstration, Place de la République · Demonstration an der Place de la République

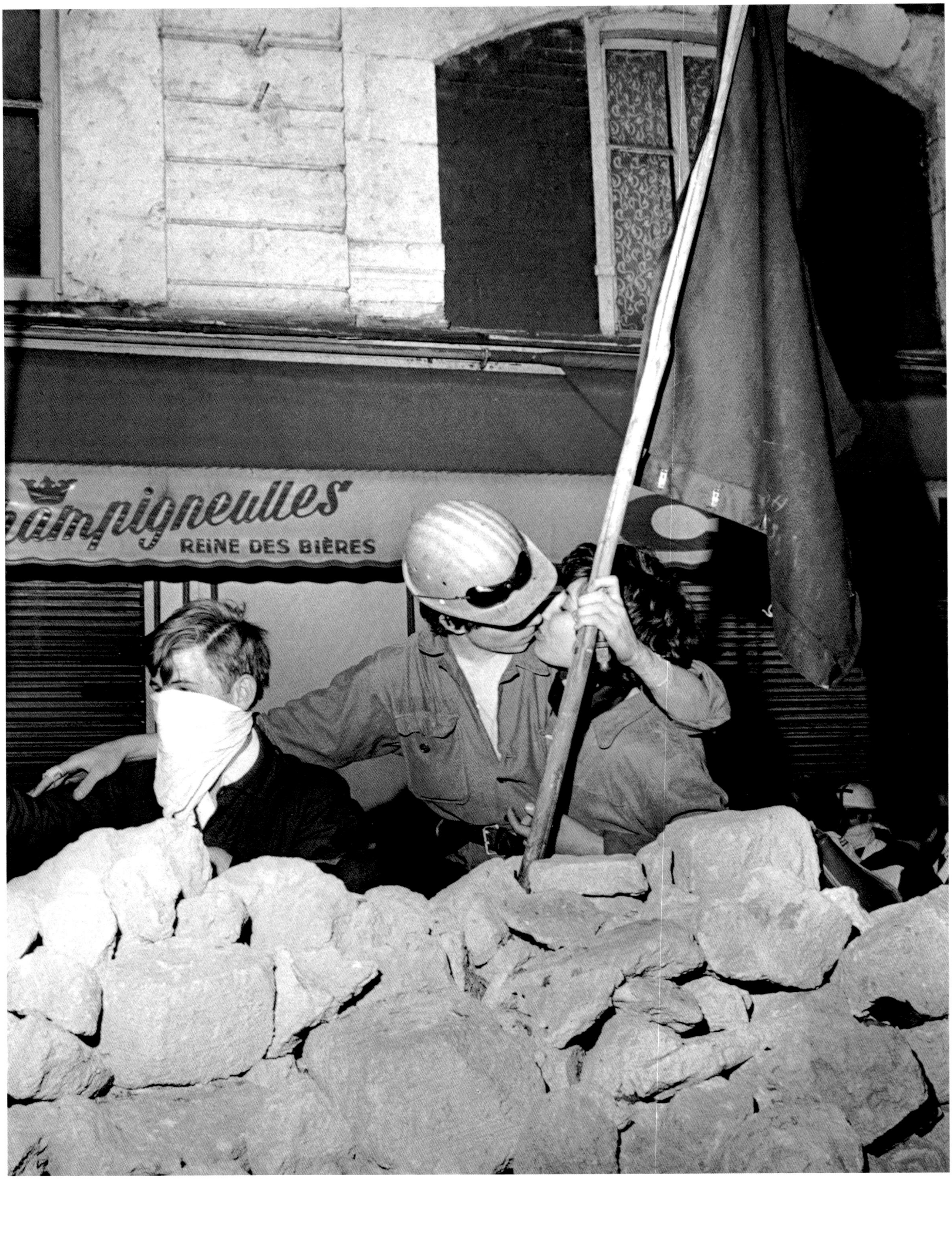

Michel Laurent, gare de Lyon, 22 mai 1968

Gilles Caron, rue Saint-Jacques, 10 juin 1968

FOTO-NACHWEIS

Alain-Gilles Bastide
188
Hippolyte Bayard SFP
204
Bibliothèque nationale
26 oben, 151, 205
Manuel Bidermanas
240
Ilse Bing
136
Madame Kathleen Blumenfeld
152
Edouard Boubat
/Top-Rapho
60, 82, 97, 119, 173, 176, 182, 183
Marcel Bovis
/Ministère de la Culture
48
B. Braquehais (Privatsammlung)
206 oben, 208 oben, 208 unten, 209 unten
Madame Gilberte Brassaï
47, 103, 104, 115, 178, 216
Maurice Bucquet
/University of Texas
111
Stéphane Burlot
196
Robert Capa
/Magnum
214, 215, 233
Gilles Caron
/Contact-presse-images
239 unten, 247
Henri Cartier Bresson
/Magnum
43, 68, 74, 77, 96, 120, 177, 228, 239 oben, 243 unten
Jean Philippe Charbonnier
/Top-Rapho
106 oben, 141, 154
A. Collard (Privatsammlung)
207 oben
Jean-Louis Courtinat
/Rapho
69, 87, 130
Bruce Davidson
/Magnum
195
Michel Dheurle
78
André Adolphe Alphonse Disderi (Privatsammlung)
209 oben
Claude-Raimond Dityvon
56 oben, 56 unten, 237, 242 oben, 242 unten, 243 oben
Robert Doisneau
/Rapho
35, 40, 98 oben, 98 unten, 99, 101, 133, 139, 142, 171, 175, 180, 181, 201, 224, 226, 230
Elliot Erwitt
39 oben
Martine Franck
/Magnum
71, 143
Paul Fusco
/Magnum
194
Daniel Frasnay
/Rapho
140 unten

Olivier Garros
/Rapho
38
Jean-Claude Gautrand
63, 65, 73 oben, 73 unten, 89, 95
Philippe Gautrand
50, 62, 66, 86, 107
Edith-Claire Gérin
51
Ralph Gibson
116
Burt Glinn
134
Charles Harbutt
/Rapho
125, 197
Lewis Hine
/George Eastman House
168
Frank Horvat
135, 155, 158, 198, 200
Madame Izis Bidermanas
30, 36, 37, 53, 64, 83, 84, 90, 91, 118
Pierre Jahan
227
Jarnoux (Sammlung Schall)
232
Richard Kalvar
/Magnum
39 unten
Michael Kenna
/Martine d'Arc
79
André Kertész
/Ministère de la Culture
26 unten, 31, 70, 76, 80, 93, 112, 172
Agence Keystone
29, 210, 213
William Klein
156, 157
Joseph Koudelka
/Magnum
75
Eddie Kuligowski
189
Bertrand Laforet
/Gamma
238
Michel Lamoureux
67
Jacques-Henri Lartigue
/Ass. des amis de J. H. Lartigue
59, 147, 150, 169
Michel Laurent
/Associated Press
246
François Le Diascorn
/Rapho
145
Guy Le Querrec
/Magnum
106 unten, 138
Alphonse Liébert (Privatsammlung)
207 unten
Michel Maïofiss
126, 127, 163
André Martin
28 unten, 32, 61
Daniel Masclet
185

Humbert de Molard
/SFP
167
MoMA de New York
46
Albert Monier
54
Helmut Newton
159, 160, 161
Janine Niepce
/Rapho
34, 72, 131
Madame Roger Parry
221
Bernard Plossu
57, 85, 123, 164, 199
Jean Pottier
241
Préfecture de police (Polizeipräfektur)
244, 245
René-Jacques
/Ministère de la Culture
28 oben, 41, 42, 44, 113, 114, 129 oben, 170
Gilles Rigoulet
193
Willy Ronis
/Rapho
33, 88, 94, 100, 102, 105, 128 oben, 140 oben, 144, 212, 217
Pierre Roughol (Sammlung Schall)
231
Christian Sarramon
45, 137
Roger Schall
190, 219, 220, 222, 223
Séeberger
/Archives Photo Paris SPADEM
27, 81, 151
Jean Séeberger
235
David Seymour «Chim»
/Magnum
211
Jeanloup Sieff
117, 121, 162
Collection Sirot-Angel
25
Edward Steichen
/MoMA
148, 149
Louis Stettner
129 unten, 165, 174
Dennis Stock
/Magnum
109
Maurice Tabard
153
Thibaut
/comte Geoffroy de Beauffort
203
David Turnley
128 unten, 184
Peter Turnley
122, 124, 191, 192
Pierre Vals
225, 234
Sabine Weiss
/Rapho
49, 55, 108, 179, 187
Madame Zuber
52, 229

BIOGRAPHIEN

Atget, Jean-Eugène Auguste (1856–1927)
Geboren in Libourne (Südwestfrankreich). Von seinen Großeltern in Bordeaux aufgezogen. Heuerte nach der Schule auf Schiffen an. Ließ sich 1879 in Paris nieder, wo er vergeblich versuchte, einen Platz am »Conservatoire d'art dramatique« zu erlangen. Nach dem Militärdienst 1882 Rückkehr nach Paris (Rue des Beaux-Arts). Schauspieler bei einer bescheidenen Theatertruppe. Kontakte zu Malerkreisen, begann selbst zu malen. Lernte 1886 seine zukünftige Frau Valentine Delafosse kennen, richtete sich 1898 in der Rue de la Pitié ein und beschloß, als Berufsfotograf zu arbeiten. Erstellte erste Ansichten von alten Pariser Vierteln und von kleinen Leuten bei der Arbeit, von denen Porcher einige als Postkarten veröffentlichte. Ab 1899 Fotografien von Paris und Umgebung. Um 1907 fotografierte er für die Historische Bibliothek der Stadt Paris das Stadtzentrum. 1910 verkaufte er selbsthergestellte Bildbände an das Musée Carnavalet und die Nationalbibliothek sowie 2621 Negative an das Musée des Beaux-Arts, die unter dem Titel *L'art dans le vieux-Paris* bekannt sind und die heute im Fotoarchiv der »Direction du patrimoine« konserviert werden. Fotografierte 1921 für den Maler Dignimont Prostituierte. Starb 1927, ein Jahr nach seiner Frau. Unmittelbar nach seinem Tod kaufte Berenice Abbott einen Teil von Atgets Negativen und machte dessen Arbeiten einige Jahre später durch Vorträge und Ausstellungen bekannt. Abzüge verlieh sie für die »Internationale Ausstellung des Werkbundes Film und Foto« (1929) und publizierte 1930 *Atget photographe de Paris*. Heute befindet sich ihre Sammlung im MoMA in New York.
Atgets Werk inspirierte eine Reihe von Büchern: *Paris du temps perdu*, Fotos von E. Atget, Texte von Marcel Proust (Lausanne, Edita, 1963), *Atget, magicien du Vieux-Paris en son époque* (Jean Leroy, 1975), *Eugène Atget, Voyage en ville* (Paris, Gassmann-Martinez, Chêne, 1979) sowie vier wundervolle Bände, die Szarkowski für das New Yorker MoMA zusammenstellte (1981–85).

Bayard, Hippolythe (1801–1887)
Geboren in Breteuil-sur-Noye (Oise) als Sohn eines Friedensrichters, wurde Kanzleigehilfe und später Beamter im Finanzministerium. Nahm an den Versammlungen Amaury-Duvals teil, wo er den Künstlern seiner Zeit begegnete und in einem intellektuellen Milieu verkehrte, in dem Daguerres Erfindung als Sensation galt. Arbeitete daran, Bilder der Camera obscura festzuhalten. Am 5. Februar 1839 zeigte er seine ersten fotogenischen Zeichnungen auf lichtempfindlichem Papier. Am 20. März gelangen ihm erste direkt-positive Bilder. Bayard arbeitete weiter und stellte am 24. Juni bei einer Gemäldeausstellung weltweit zum ersten Mal Fotografien auf Papier aus. Am 2. November bestätigte die Akademie der Schönen Künste die Überlegenheit von Bayards Verfahren, der einige Tage später bei der Académie des Sciences ein Memorandum hinterlegte. In den 50er Jahren des 19. Jh. gehörte er der französischen Kalotypistenschule an und schuf wunderschöne Bilder von Paris, insbesondere von den Mühlen Montmartres. Gründete 1851 die »Société héliographique«, später die »Société française de photographie«. Erstellte im Auftrag der »Mission héliographique« eine Fotoserie über die Normandie. Gemeinsam mit Bertall eröffnete er auf dem Boulevard de la Madeleine ein Porträtstudio. War ein Meister des kalotypistischen Verfahrens und wußte Licht und Komposition meisterhaft einzusetzen, um Landschaften oder Stilleben von geradezu moderner Konzeption zu schaffen.

Bidermanas, Manuel (1938)
Geboren in Paris. Sohn des Fotografen Izis. Verschiedene Tätigkeiten: Labor, Studio, 1955–58 Reportagen. 1958–60 Militärdienst in Algerien. Als Kriegsfotograf erhielt er das »Croix de la valeur militaire«. 1961/62 Reporter für *Jours de France* und *Nouveau Candide* (Gesellschaftsklatsch und Mode). Ging 1962 zur Agentur Dalmas. 1963 Zusammenarbeit mit der Agentur »Les Reporters associés« (Aktuelles aus Politik und Kunst). Arbeitete ab 1965 als Fotoreporter für das Wochenmagazin *L'Express*. Beteiligte sich an einigen Ausstellungen und Gemeinschaftsprojekten. 1972 Leiter der Fotoabteilung des Wochenmagazins *Le Point*. Fotografierte die Plakate der Präsidentschaftskandidaten François Mitterrand und Jacques Chaban-Delmas. Einige gründliche Recherchen. 1992/93 war er für die Umstrukturierung der Presseagentur Sygma verantwortlich. 1995

Für biographische Angaben zu Alain-Gilles Bastide, Jarnoux, Bertrand Laforêt, Pierre Roughol und Jean Pottier verfügt der Autor nicht über ausreichende Informationen.

wurde er zum Berater der UIJPLF, der »Union internationale des journalistes et de la presse de langue française«, ernannt.

Bing, Ilse (1899)
Geboren in Frankfurt. 1920–29 Studium der Mathematik, Physik und Kunstgeschichte. Kaufte sich 1925 eine Voigtländer, um ihre Dissertation zu illustrieren. Eine Leica ermöglichte ihr erste Reportagen und Architekturfotos. Emigrierte 1930 nach Paris. Machte Porträts, Aufnahmen der Stadt, von Landschaften und Bühnendarbietungen. Erste Ausstellungen in Paris und Essen 1931, in New York 1932. Arbeitete 1933–35 für *Harper's Bazaar* (Accessoires) und machte für Schiaparelli Modeaufnahmen. Verschiedene Reportagen über Burgund und Pommery. Entdeckte 1934 die Solarisation. 1940/41 wurde Ilse Bing im Lager Gurs interniert, während sie auf ein Visum für die USA wartete. Kam 1941 nach New York, wo sie sich auf Porträtaufnahmen, besonders von Kindern, spezialisierte. Arbeitete 1949 mit dem elektronischen Blitz und im Jahr darauf mit einer Rolleiflex. Ihre Motive wurden abstrakter: Sie fotografierte Materialien und Stilleben. Von 1957 an fotografierte sie nicht mehr in Schwarzweiß, sondern machte Farbaufnahmen, die sie selbst entwickelte und vergrößerte. Hörte 1959 ganz auf zu fotografieren, um zu schreiben und zu malen.
Les mots comme vision (Ilkon Press, 1974), *Nombre en images* (Ilkon Press, 1976), *Femmes, de l'enfance à la vieillesse* (Paris, Éditions des Femmes, 1982), *Ilse Bing – Paris 1931–1952* (Katalog der Ausstellung im Musée Carnavalet 1987).

Blumenfeld, Erwin (1897–1969)
Geboren in Berlin. Erhielt seine erste Kamera, eine 9x13, mit zehn Jahren. Nach dem Tod des Vaters 1913 verließ er die Schule und trat in ein Konfektionshaus ein. Im Ersten Weltkrieg war er Sanitätsfahrer an der Front, 1918 floh er nach Amsterdam. Beteiligte sich gemeinsam mit Grosz, Citroën und Mynona an der Dada-Bewegung und schuf unter dem Pseudonym Jan Bloomfield Collagen und Fotografien. 1922 machte er sich selbständig und verkaufte Damentaschen. Nach dem Konkurs 1935 ging er nach Paris, wo eine seiner Aufnahmen veröffentlicht wurde. Beschloß, als Fotograf zu arbeiten und schloß sich den Surrealisten an. Arbeitete für *Verve* (1936), dann für *Vogue* (1938), bevor er 1939 mit *Harper's Bazaar* einen Vertrag schloß.
Wurde 1940/41 interniert und emigrierte aus Frankreich in die USA, wo er eine glanzvolle Karriere machte. 1941–43 arbeitete er mit Munkàcsi zusammen, nahm seine Arbeit bei *Harper's Bazaar* wieder auf und fotografierte zahlreiche Titelbilder für das Magazin. Richtete ein Studio in Manhattan ein.
Hörte 1960 auf, als Fotograf zu arbeiten, um Bücher zu machen und zu schreiben: *Jadis et Daguerre* (Paris, Laffont, 1975, dt. *Einbildungsroman*, Eichborn, 1998) und besonders *Mes 100 meilleures photos* (Benteli Verlag), das erst 1979 erschien, zehn Jahre nach seinem Tod in Rom.
Er war ein inspirierter Fotograf, der alle Laborarbeiten selbst ausführte, in Schwarzweiß wie in Farbe. Seine grafischen Versuche, seine originellen Interpretationen und seine ungewöhnliche Herangehensweise, durch die er ein Bild verwandelte und den Betrachter überraschte, waren brillant.

Boubat, Édouard (1923)
Geboren in Paris. Verbrachte seine Kindheit auf dem Hügel von Montmartre. Trat 1938 in die École Estienne ein, wo er fotomechanische Verfahren erlernte; arbeitete bis 1942 in einem Atelier für Fotogravüre. Fotografierte ab 1946. Sein erstes Bild, *Das kleine Mädchen mit welkem Laub*, wirkte bahnbrechend. 1950 erschien in *Camera* das berühmt gewordene *Der Baum und das Huhn*. Im Jahr darauf stellte Robert Delpire seine Arbeiten gemeinsam mit denen Brassaïs, Doisneaus, Izis' und Facchettis in der Buchhandlung La Hune aus. Er fiel dem Art-Director von *Réalités* auf, wo er bis 1967 Mitarbeiter war. Begann, ohne Unterlaß zu reisen, was ihn in alle Weltgegenden führte. Paris durchstreifte er bei seinen Zwischenstops weiterhin mit Begeisterung.
Zahlreiche Ausstellungen in den größten Museen der Welt, in der Pariser Bibliothèque Nationale (1973), dem Art Institute of Chicago (1976), in Amsterdam (1977), im Museum für Moderne Kunst von Mexiko und der Photographers' Gallery in London (1978), dem Musée d'Art Moderne in Paris (1980), in der Witkin Gallery in New York (1982), in San Francisco (1989), dem Musée Carnavalet in Paris (1990), dem Centre Georges Pompidou und in Tokio (1995). Oktavius-Hill-Preis (Essen 1973), Grand Prix national de la photographie (1984), Preis der Hasselblad-Stiftung (1988).
Wegen der Einfachheit, der Poesie, des menschlichen Reichtums und der Zeitlosigkeit seiner Fotografien nannte ihn Jacques Prévert einen »Friedensberichterstatter«.
Femmes (Paris, Chêne, 1972), *Miroirs-Autoportraits* (Paris, Denoël, 1973), *La Survivance* (Paris, Mercure de France, 1976), das 1977 in Arles den »Prix du livre« erhielt, *Vue de dos* (Paris, NRF, 1981), *Édouard Boubat* (Paris, Belfond, 1982), *Édouard Boubat* (Paris, Photopoche-CNP, 1988), *Les Boubat de Boubat* (Paris, Belfond, 1989), *Le Paris de Boubat* (Paris Audiovisuel/Paris Musées, 1990), *Amoureux de Paris* (Paris, Presse de la Cité, 1993).

Bovis, Marcel (1904–1998)
Geboren in Nizza. 1918–22 Ausbildung an der École nationale des arts décoratifs seiner Heimatstadt. 1922 erste Anstellung als Dekorationszeichner im Kaufhaus Galeries Lafayette, wechselte im Jahr darauf zum Kaufhaus Bon Marché. Lernte ab 1925 während seines Militärdienstes fotografieren. 1927 erste Nachtaufnahmen. Arbeitete ab 1930 selbständig und 1931–39 darüber hinaus auch für Henri Pacon, den Architekten der staatlichen Eisenbahn. 1933 erste Veröffentlichungen in *Arts et métiers graphiques*. Arbeiten für *Paris-Magazine* und *Aujourd'hui*. Beteiligte sich 1936 an der renommierten Ausstellung »Exposition internationale de la photographie contemporaine« im Pavillon de Marsan. Im selben Jahr wurde er Mitarbeiter bei *Arts et métiers graphiques* und Mitglied von »Rectangle«. 1940–48 illustrierte er zahlreiche Tourismusprospekte über Frankreichs Regionen und Städte. 1950 erteilte ihm das Generalgouvernement Algeriens den Auftrag, eine Photothek aufzubauen und ein Inventar der Kunstschätze des Landes zu erstellen. Beteiligte sich 1946 an der Gründung der »Groupe des XV«. Da er sich für Technik interessierte und begeisterte, arbeitete er für das Hamelle-Labor (1960), später für das Kupferstichkabinett der Bibliothèque Nationale (1961–67). Unterrichtete am »Institut français de photographie«. Zog sich 1976 aus dem Berufsleben zurück. Marcel Bovis war gemeinsam mit Yvan Christ Autor des Buches *150 ans de photographie française* (Photo Revue, 1979) sowie einer Enzyklopädie über französische Fotoapparate. Außerdem veröffentlichte er eine Reihe von Werken über Paris, darunter *Voyage dans Paris* (Nouvelle France, 1941), *Fêtes foraines* (Hoëbecke, 1990). Überließ 1991 sein gesamtes Werk dem Staat. Eine bedeutende Ausstellung im Palais de Tokyo in Paris und ein Bildband *Marcel Bovis* (AFDPP/La Manufacture, 1992) folgten dieser Schenkung.

Braquehais, Bruno-Auguste
Sein Geburts- und Todestag sind unbekannt. Arbeitete 1850–74. 1850 ließ er sich an der Place de la Madeleine in Paris nieder, wo er kolorierte Daguerreotypien anbot. Begann ab 1854, Aufnahmen auf Papier zu machen und schuf eine Aktserie. Zwei Jahre später heiratete er die Tochter des Fotografen A. Gouin, dessen Atelier am Boulevard des Italiens er 1863 übernahm. Dort bot er kolorierte Stereoskopien und eine Serie mit Pariser Ansichten an. Seine Frau arbeitete weiter an der stereoskopischen Daguerreotypie, außerdem gelangen ihr Abzüge auf gewachster Leinwand. Stellte 1863, 1864 und 1867 in Paris aus und 1865 in Berlin. Blieb während der Pariser Kommune in Paris, wo er eine erstaunliche Reportage über das Volk, die Barrikaden und das Leben im belagerten Paris schuf, was ihn zu einem Vorreiter der Gesellschaftsreportage macht. 1874 verschwand sein Name aus dem Fernsprechverzeichnis.
Braquehais schuf Porträts, künstlerische Reproduktionen und Reportagen, wobei er immer wieder andere Techniken verwandte: die Daguerreotypie, Kollodiumnegative, Albuminpapierkopien und Kohledrucke. In *La Lumière* pries Ernest Lacan die Qualität der Abzüge Braquehais'.

Brassaï (1899–1984)
Geboren in Brasso (Transsylvanien, Ungarn). Mit bürgerlichem Namen Gyula Halász. Besuchte in Budapest, später in Berlin die Kunstakademie. Begann 1923 in Paris als Journalist zu arbeiten. Entdeckte in Mont-

parnasse die Fotografie. 1933 veröffentlichte er *Paris de nuit* (Arts et Métiers Graphiques). Brassaï war ein Universaltalent: Seine Zeichnungen begeisterten Picasso; seine Plastiken und Teppiche wurden überall ausgestellt. Sein schriftstellerisches Talent erlaubte es ihm, außergewöhnliche Erinnerungsbücher zu veröffentlichen: *Histoire de Marie* (1949), *Grandeur nature* mit einem Text von Henry Miller (Paris, Gallimard 1975), *Conversations avec Picasso* (Paris, Gallimard, 1964). Das fotografische Werk Brassaïs wurde vielfach publiziert: *Brassaï* (Paris, Neuf, 1952), *Séville en fête* (Paris, Delpire, 1954), das inzwischen denkwürdige *Graffiti de Brassaï* (Paris, Flammarion, 1961, Neuauflage 1993), *Le Paris secrète des années 30* (Paris, Gallimard, 1976), *Artistes de ma vie* (Paris, Denoël, 1982), ausgezeichnet mit dem von der »Société des gens de lettres« verliehenen »Grand Prix de la littérature«, *Brassaï* (Paris, Photopoche-CNP, 1987) und *Brassaï*, Katalog der Ausstellung in der Tápies-Stiftung, Barcelona, später »Centre national de la photographie« (CNP) (1993). »Chevalier des arts et des lettres« (1974) und Ritter der Ehrenlegion (1976). Erhielt 1979 den »Grand prix national des arts pour la photographie«. Sein Werk wurde weltweit in den angesehensten Galerien und Museen ausgestellt.
Brassaï verfügte über eine außergewöhnliche Beobachtungsgabe, eine außerordentliche Kreativität und eine unerschöpfliche Phantasie. Sein Blick verwandelt jede alltägliche Geste in eine phantastische Vision. Er verstand es, das Wahre auf einfache Weise sichtbar zu machen.

Bucquet, Maurice (1860–1921)
Geboren in Paris. Gehörte der Pariser Oberschicht an, wurde 1888 Mitglied der »Société française de photographie«. Seit 1891 Vorsitzender des Photo-Club de Paris, einem damals bescheidenen Amateurverein, den er zu einer Hochburg der französischen Fotografie zu Anfang des Jahrhunderts machte. 1900 wurde er für seine künstlerische Tätigkeit Ritter der Ehrenlegion. Vizepräsident der »Union internationale de photographies«, Anvers. Organisierte zahlreiche französische, aber auch internationale Ausstellungen. Mitarbeiter der *Revue de la photographie*. Publizierte zahlreiche technische Bücher, darunter *L'Esthétique de la photographie* (1900).

Burlot, Stéphane (1969)
Geboren in Paris. Ausbildung zum Elektroniker und Industrieinformatiker. Bis 1992 Schüler der »École de Commerce«. Arbeitete ab 1994 bei den Pariser Verkehrsbetrieben RATP. Interessiert sich seit 1987 für Fotografie. Arbeitete 1988–92 in dem Medienkaufhaus FNAC, wo er sich an internen Ausstellungen beteiligte. Machte 1991 ein »kaufmännisches« Praktikum in der Agentur Magnum. Erhielt 1993, im Jahr seines Militärdienstes, den Ilford-Preis. Seit 1992 Mitarbeit am Rock-Magazin *Prémonition* (Porträts und Konzertaufnahmen).

Capa, Robert (1913–1954)
Als Andréi Friedmann in Budapest geboren. Besuch der Grundschule und des Gymnasiums in Budapest (1923–31), Studium der Politikwissenschaft in Berlin (1931–33). Begann 1930 zu fotografieren und arbeitete für die Agentur Delphot (1931). Emigrierte 1933 nach Paris und nahm den Namen Capa an. Begegnung mit Henri Cartier-Bresson und David Seymour. Begann für einige Zeitschriften zu arbeiten (*Life, Time, Illustrated London News)*. 1935 Mitbegründer der Agentur Alliance Photo, coverte den Spanischen Bürgerkrieg 1936. Seine Reportagen erschienen regelmäßig in *Le Soir, Vu* und *Regards*. 1938 Reise nach China. Emigrierte 1939 in die USA. 1941–46 arbeitete er als Korrespondent für *Life* in Europa. Während des Zweiten Weltkrieges erschienen seine Bilder auch in *Illustrated* und *Colliers*. Schrieb 1947 *Slightly Out of Focus*. Beteiligte sich im selben Jahr an der Gründung der Agentur Magnum. Erhielt die »United States Medal of Freedom«. 1948–50 Reportagen in Israel. Wurde 1951 Präsident von Magnum. Nahm 1954 die amerikanische Staatsbürgerschaft an. Arbeitete wieder als Kriegskorrespondent, diesmal in Indochina für *Life*. Trat am 25. Mai auf eine Mine. Erhielt posthum das »Croix de guerre française avec palmes«.
Ausstellungen: »On Picasso« (MoMA, 1952), »Images of war« (Smithsonian, Washington, 1960 und 1964).
Death in the Making (Covidis Friede, 1937), *The Russian Journal* (Viking Press, 1948), *Report on Israel* (Simon and Schuster, 1950), *Robert Capa 1913–1954* (ICP, 1974), *Robert Capa: War and Peace* (ICP, 1984), *Robert Capa: Photographe* (S. Messinger, 1985), *Robert Capa* (Paris, Photopoche-CNP, 1988).

Caron, Gilles (1939–1970)
Geboren in Neuilly-sur-Seine nahe Paris. Begeisterte sich für Malerei und besuchte deshalb 1964 die École du Louvre. Entdeckte nach seinem Militärdienst in Algerien die Fotografie und ging zur Agentur Apis (Vermischtes, erotische Aufnahmen). Gründete mit Depardon, Henrotte und Vassal 1967 die Agentur Gamma. Es folgten zahlreiche Reportagen: über den Sechs-Tage-Krieg, Vietnam (1967), den Mai 68, wodurch er einer breiten Öffentlichkeit bekannt wurde, über Biafra, Guinea, Mexiko (1968) sowie Nordirland, Prag und Suez (1969). Er war überall da zu finden, wo es Konflikte gab. Während und zwischen den Reisen arbeitete er über tausend Themen aus Politik und Gesellschaft. Wurde 1970 gemeinsam mit Depardon im Tschad gefangengenommen. Fuhr anschließend nach Biafra, dann nach Kambodscha, wo er am 5. April 1970 umkam. Gilles Caron wurde inzwischen zu einer Art Mythos. Mit seiner Weitsicht, seinem Mut in körperlicher wie auch seiner Courage in intellektueller Hinsicht schuf er in kürzester Zeit ein beachtliches Werk. Mac Cullin nannte ihn »den einzigen jungen Kollegen, für den ich aufrichtigen und tiefen Respekt empfand«.
Sous les pavés la plage (La Sirène, 1993).

Cartier-Bresson, Henri (1908)
Geboren in Chanteloup (Seine-et-Marne). Studierte bei André Lhote Malerei (1927–28), ging dann als Student nach Cambridge (1928–29). Reiste 1931 an die Elfenbeinküste. Machte nach seiner Rückkehr nach Frankreich erste Fotos. Kontakte zu den Surrealisten. 1932 erste Ausstellungen in New York (Galerie Julien Levy) und Madrid. Verbrachte 1934/35 ein Jahr in Mexiko. Stellte zusammen mit Alvarez-Bravo aus und begann mit Paul Strand für den Film zu arbeiten (1935), dann in Frankreich mit Renoir und Jacques Becker (1936, 1939). Kam in Kriegsgefangenschaft, floh 1943 und wurde Mitglied der Untergrundgruppe MNPGD. Nach der Befreiung drehte er den Film *Le Retour*. Ging 1946 in die Vereinigten Staaten, arbeitete für *Harper's Bazaar* und war bei seiner Ausstellung im New Yorker MoMA 1946 quasi »posthum« anwesend (man hielt ihn damals für verschollen). 1947 Mitbegründer der Agentur Magnum. Lebte und arbeitete 1948–50 im Fernen Osten. Nach seiner Rückkehr nach Frankreich veröffentlichte er sein berühmt gewordenes Buch *Images à la sauvette* (Verve, 1952). 1954 durfte er als erster westlicher Fotograf in die UdSSR reisen. Im Jahr darauf wurde im Pariser Musée des Arts Décoratifs eine große Retrospektive gezeigt, die anschließend um die Welt ging. Neue Reisen nach China (1959), nach Kuba, Mexiko und Kanada (1960). 1965 hielt er sich erst in Indien, später in Japan auf, wo eine neue große Retrospektive in Tokio gezeigt wurde, die ebenfalls um die Welt ging. 1966 Mitarbeiter von Magnum. 1970 präsentierte er im Grand Palais die Ausstellung »Vive la France« zeitgleich mit der Veröffentlichung eines Buches (Laffont). Diese Ausstellung war bis 1976 unterwegs. Widmete sich zunehmend dem Zeichnen und der Malerei (erste Ausstellung 1975). Bei anderer Gelegenheit wurde jedoch weiterhin das fotografische Werk Cartier-Bressons gezeigt, so auch im New Yorker »International Center of Photograph« ICP (1979), einer Ausstellung, die drei Jahre unterwegs war, oder bei der im MoMA, wo seine frühen Fotografien ausgestellt wurden (1991).
In den Arbeiten Cartier-Bressons, des klassischsten unter den großen Fotografen, bilden Form und Inhalt ein harmonisches Ganzes; in Anspruch und Perfektion sind sie beispielhaft. Mit seinem Sinn für den entscheidenden Augenblick und die Bildkomposition, mit seiner Genauigkeit und Redlichkeit hat er die Geschichte des Fotojournalismus entscheidend geprägt.
Henri Cartier-Bresson, photographe (Paris, Delpire, 1979), *Henri Cartier-Bresson* (Paris, Photopoche-CNP, 1982), *Henri Cartier-Bresson: Photoportraits* (1985), *Henri Cartier-Bresson: L'Amérique furtivement* (Paris, Seuil, 1991), *Henri Cartier-Bresson: premières photos* (Paris, Arthaud, 1991), *Paris à vue d'œil* (Paris, Seuil, 1994).

Charbonnier, Jean-Philippe (1921)
Geboren in Paris. Vater Maler, Mutter Schriftstellerin. Erste fotografische Versuche 1939 bei den Filmfotografen Sam Levin und Lucien Chevert, dann 1941 im Labor Blanc et Demilly in Lyon. Arbeitete ab Ende 1944 bei *Libération* als Metteur, später bei *France dimanche* und 1955 bei *Temps de Paris.* Ende 1949 gemeinsam mit Albert Plécy freier Journalist für *Point de Vue.* Stieß 1950 zu der Monatszeitschrift *Réalités,* für die er Reportagen in der ganzen Welt machte. Schuf prächtige Bildbände etwa für die WHO, Renault und die Supermarktkette Carrefour. Unterrichtete 1976–82 an der »École supérieur des arts graphiques« in Paris. Zahlreiche Ausstellungen in Frankreich (Musée d'Art Moderne de la Ville de Paris, 1983) und im Ausland (Stockholm, Lausanne, Chicago).
Sein direkter Blick auf die Wirklichkeit, seine hellwache Sensibilität und eine Prise Humor lassen ihn überall auf der Welt Bilder von ganz bescheidenen, aber auch von hoch vornehmen Leuten machen. Ihm gelingt es, Blicke voller Zärtlichkeit festzuhalten.
Les Chemains de la vie (Éditions du Cap, 1975), *Un photographe vous parle* (Paris, Grasset, 1961), *J. P. Charbonnier* (Katalog des Musée d'Art Moderne, 1993), *Chamonix – 40 ans dans la Vallée* (Glénat, 1992).

Collard, Auguste-Hippolyte (geb. vor 1838, gest. nach 1887)
Über seine Kindheit und seine Anfänge als Fotograf wissen wir so gut wie nichts. 1855 beteiligte er sich an der Pariser Weltausstellung und erhielt zwei Goldmedaillen. Richtete sich 1857 im Boulevard de Strasbourg Nr. 53 in Paris ein. Arbeitete mit Naßkollodium. Trat 1859 als Fotograf und Verleger in Erscheinung. Stellte bei der »Société Française de Photographie« Reproduktionen von Kunstwerken und Pariser Ansichten aus, die er für das Tiefbauamt erstellt hatte. Bot 1861 ein Tonungsbad an, das die Abzüge schwarz-violett erscheinen ließ und sie beständig machte. Ernest Lacan lobt seine kommerziellen Kunstreproduktionen. Stellte 1861, 1867, 1878, 1879 und 1883 in Paris, 1862 bei der Londoner Weltausstellung (lobende Erwähnung), 1862 in Amsterdam und 1873 in Wien aus. 1866 richtete er sich im Boulevard de Strasbourg Nr. 39 ein und nannte sich offiziell Fotograf des Tiefbauamtes. Während der Pariser Kommune schuf er einige Bilder von den Barrikaden an der Place de la Concorde (1871).

Courtinat, Jean-Louis (1954)
Geboren in Verdun. Entwickelte durch den Foto-Club an seinem Gymnasium Interesse an der Fotografie. Reiste 1973–79 in Europa herum, besonders in Skandinavien. 1980 »Prix des jeunes photographes« bei den »Rencontres d'Arles«. Arbeitete ab 1981 für die Agentur Viva und begann mit einer Reihe von Sozialreportagen. Schloß sich 1986 der Agentur Rapho an. Assistierte Robert Doisneau bei diversen Fotoaufträgen. Erhielt 1987 ein Stipendium der »Direction du patrimoine« für eine Reportage über Le Corbusiers Cité Radieuse in Marseille, für die er den »Prix Air France – Ville de Paris« erhielt. Reportage über ein Jahr in der Notaufnahme des Krankenhauses von Aix-en-Provence (1988), gefolgt von einer zweijährigen Reportage am Institut Curie. Im Auftrag des CNP arbeitete er zum Thema »Kultur im Gefängnis« (1991). Preisträger des Prix Niepce 1991. Es folgte 1992 gemeinsam mit Alphonse Boudard *Paris au petit bonheur* (Du Perron). Setzte seine Reportagen im Krankenhausbereich fort (Kinder im Isolierzelt, Gerontologie). 1994 folgten ein Auftrag des CNP über Armut in Europa und eine Reportage über das Obdachlosenzentrum im Pariser Vorort Nanterre, verbunden mit einer Ausstellung (CNP 1995) und einem Buch *Les damnés de Nanterre* (Photo-Notes, 1995).
La vie jusqu'au bout (Idéodisque Création, 1996).

Davidson, Bruce Landon (1933)
Geboren in Oak Park (Illinois, USA). Kaufte seine erste kleine Kamera 1943. Noch während der Schulzeit begann er ab 1946 bei einem Fotografen zu arbeiten, 1947/48 Ausbildung zum Fotografen. Machte mit einer neuen Kamera 1947 Aufnahmen in den Straßen von Chicago. Erhielt 1951 einen ersten Kodak-Preis. Bis 1954 studierte er am Rochester Institute of Technology Fotografie, anschließend an der Universität Yale. Seine Reportage über die Universitäts-Fußballmannschaft wurde in *Life* abgedruckt. Leistete seinen Militärdienst 1955–57 zum Teil in Paris ab, wo er Cartier-Bresson begegnete. Freier Fotograf für *Life* 1957, doch auch Arbeiten für *Vogue, Esquire* und *Queen.* Kam 1958 zur Agentur Magnum. Erhielt 1962 ein Guggenheim-Stipendium. Begleitete für die *New York Times* den »Freiheitsmarsch« und konnte so die Reportage »Black Americans« machen. 1963 Einzelausstellung im New Yorker MoMA. Begann 1966 mit einer Reportage über die Schwarzen in Harlem, Thema des Buches *East 100th street* (Havard University Press, 1970) und einer Ausstellung im MoMA. Standfotograf bei Michelangelo Antonionis *Zabriskie Point* (1968). Drehte im Jahr darauf selbst einen Film, den das American Film Institute finanziert hatte: *Living off the Land.* 1979 Retrospektive im ICP von New York. Begann 1980 Farbaufnahmen von der New Yorker U-Bahn zu machen, Bilder, die 1982 im ICP ausgestellt und 1986 in *Subway* (Aperture) publiziert wurden. 1983 Vize-Präsident von Magnum Amerika.
Bruce Davidson (Paris, Photopoche-CNP, 1984).

Dheurle, Michel (1946)
Geboren in Paris. Grundschule, dann Ausbildung an der École Estienne. Stellte 1979 in Arles aus, 1984 im Centre Pompidou, außerdem anläßlich verschiedener Festivals (Lannion 1985, Montpellier, Metz 1986, Coimbra 1988), in Kulturzentren (Cherbourg 1984, Aurillac 1987) oder Artotheken (Nantes 1985, Dunkerque 1995). Arbeitete 1996 an einem Auftrag über die Kathedrale von Evry.
Aufnahmen in zahlreichen Gemeinschaftsbänden.

Disdéri, André Adolphe Eugène (1819–1889)
Geboren in Paris. Studierte von 1831 bis 1837 Malerei. Gehörte einer Theatertruppe an und machte sich als Wäschefabrikant selbständig. Begann 1847, sich für Fotografie zu interessieren. 1849 eröffnete er in Brest ein Atelier und stellte zwei Jahre später ein Diorama aus, das jedoch nicht lange existierte. 1852 ging er nach Nîmes, um das Kollodiumverfahren kennenzulernen. Seine Frau vertrat ihn im Atelier. Disdéri schuf eine Serie von Genreszenen über die Kindheit und ging dann 1854 nach Paris, wo er im Boulevard des Italiens Nr. 8 eines der prächtigsten Pariser Ateliers einrichtete. Im selben Jahr meldete er ein Patent für Visitenkarten-Aufnahmen an, mit denen er sehr erfolgreich werden sollte. Das ersparte ihm den Konkurs (1856). Den Zenit erreichte Disdéri Ende der fünfziger Jahre: Er feierte außergewöhnliche Erfolge und lebte im Luxus. In Saint-Cloud bei Paris eröffnete er ein zweites Atelier, auf Reiterbilder spezialisiert.
Disdéri meldete weitere Patente an, etwa für die »carte mosaïque« (1863) oder für die »photomoulure« (1867). Er schuf eine Fotoserie über Gebäude, die während der Pariser Kommune in der Stadt und Umgebung zerstört worden waren (1870/71). 1877 sah sich Disdéri gezwungen, seinen Betrieb zu verkaufen; 1879 eröffnete er ein Fotogeschäft in Nizza. Doch sein Ruhm war vergangen; seine Geschäfte gingen schlecht. 1889 kehrte Disdéri nach Paris zurück und starb im Hôpital Saint-Anne, blind, taub und völlig mittellos.

Dityvon, Claude-Raimond (1941)
Geboren in La Rochelle. Ging 1962 nach Paris, wo er sich für die Großen des Kinos begeisterte, für Vigo, Keaton, Eisenstein oder von Stroheim, außerdem für den japanischen und den amerikanischen Film. Beschloß, Fotograf zu werden, und äußerte seine Bewunderung für Robert Frank und Cartier-Bresson. Erhielt 1970 den Prix Niepce. 1972 Mitbegründer der Agentur Viva. Beteiligte sich mit dieser Gruppe an der Ausstellung »Familles en France«. Stellte auch bei den »Rencontre d'Arles« aus (1973), der »Fondation de la photo« (Lyon 1976) und im Centre Pompidou (BPI 1977). Beteiligte sich an verschiedenen Gemeinschaftsausstellungen: »Les Parisiens« (Paris 1979), »Mois du sport« (1987), »La Navale« (Dunkerque 1989). Eine Reihe von Einzelausstellungen: Maison de la Culture Mouffetard (1970), Musée d'Art Moderne de la Ville de Paris/ARC (1972), Maison de la Culture de la Rochelle (1977, 1978, 1982), Centrum Museum (Stockholm 1981), Centre de la Photographie (Genf 1987), Musée de Charleroi (1988), Centre Régional de la Photographie Nord-Pas-de-Calais (1986) u. a.
Dityvon verzichtet auf Anekdotisches und Pittoreskes. Seine Fotografien sind vollkommen nüchtern um eine Reihe von Personen konstruiert, die

einander begegnen, ohne einander zu kennen. Dityvons Arbeiten thematisieren die Einsamkeit, das Fehlen jeder Kommunikation und die Suche nach jenen seltenen Augenblicken der Selbstpreisgabe, in denen alles eine andere Bedeutung annimmt.
Dityvon (Créatis, 1970), *Gens de la Rochelle* (Paris, Contrejour, 1979), *59 auteurs de bandes dessinées* (Futurapolis, 1981), *Album de tournage* (Paris, Cahiers du Cinéma, 1983), *Mai 68* (Camera Obscura, 1988), *Canal du Nord* (Mission Photographique Transmanche, 1991), *Dityvon* (Paris Audiovisuel/Centre Régional de la Photographie Nord-Pas-de-Calais, 1994). Schuf außerdem mehrere Filme am Tricktisch.

Doisneau, Robert (1912–1992)
Geboren in Gentilly, einem Pariser Vorort. Nach Lehrjahren an der École Estienne wurde er 1931 Assistent von André Vigneau. Verkaufte 1932 ein erstes Bild an die Zeitschrift *Excelsior* und arbeitete ab 1934 als Industriefotograf für Renault in Boulogne. Wurde 1939 wegen häufiger Unpünktlichkeit entlassen und begann, selbständig zu arbeiten. 1945 Mitarbeiter bei der Zeitschrift *Le Point*. Im Jahr darauf schloß er sich der Agentur Rapho an und machte Reportagen für *Action*. Nach einer kurzzeitigen Bindung an *Vogue* (1949–52) begann die Phase seiner großen Begegnungen (Cendrars, Baquet) und seiner Pariser Spaziergänge mit Prévert und Giraud. Veröffentlichte zahllose Reportagen in den unterschiedlichsten illustrierten Magazinen. Erhielt 1947 den Kodak-Preis, publizierte 1949 *La Banlieue de Paris* (Paris, Seghers) und stellte 1951 gemeinsam mit Brassaï, Ronis und Izis im MoMA in New York aus. Erhielt 1956 den Prix Niepce.
Sortilèges de Paris (Paris, Arthaud, 1952), *Les Parisiens tels qu'ils sont* (Paris, Delpire, 1954), *Instantanés de Paris* (Paris, Arthaud, 1955). Ausstellungen: Museum of Modern Art, Chicago (1960), Musée Réattu (1965), Musée des Arts Décoratifs, gemeinsam mit Lattès, Frasnay, Janine Niepce, Ronis und Pic (Paris 1965), Bibliothèque Nationale de Paris (1968), Musée Cantini in Marseille (1968), Rochester, Moskau (1972), Krakau (1975), Peking, Tokio (1983), außerdem die große Robert-Doisneau-Retrospektive im MoMA von Oxford (1992), die anschließend im Musée Carnavalet in Paris gezeigt wurde (1995).
Der pariserischste aller Fotografen! Seine Fotos voller Poesie, Humor und Menschlichkeit gelten inzwischen als Klassiker der »human interest«-Reportage.
Le Paris de Robert Doisneau et Max Paul Fouchet (EFR, 1974), *Trois secondes d'éternité* (Paris, Contrejour, 1979), *Le Mal de Paris* (Paris, Arthaud 1979), *Robert Doisneau* (Paris, Belfond, 1982), *Doisneau* (Paris, Photopoche-CNP, 1983), *Les doigts pleins d'encre* (Hoëbecke, 1989), *Les grandes vacances* (Hoëbecke, 1990), *Rue Jacques Prévert* (Hoëbecke, 1992), *Doisneau 40–44* (Hoëbecke, 1994) und *La vie d'un photographe: Robert Doisneau* (Hoëbecke, 1995).

Erwitt, Elliott (1928)
Als Sohn russischer Einwanderer in Paris geboren. Wuchs in Mailand auf, kehrte 1938 aber nach Paris zurück. Emigrierte 1939 in die USA. Zog 1941 nach Los Angeles. Arbeitete nach seinen Jahren an der Hollywood High School 1944 als Porträt- und Paßbild-Fotograf. Kehrte 1948 nach New York zurück, wo er an der New School for Social Research Film studierte. Reiste nach Frankreich sowie Italien (1949) und arbeitete dort sowie im Jahr darauf für die Standard Oil Company, New Jersey, und die Photo Library, Pittsburgh. Militärdienst in Europa (1951). Steichen wählte ein paar seiner Fotos für »Family of Man« aus. Kam 1953 zu Magnum. War von 1966 bis 1969 Präsident der Agentur. Arbeitete in der Mode- und der Werbefotografie. Drehte 1970 seine ersten Kurzfilme. Seine Fotos wurden in den meisten großen Zeitschriften und in zahlreichen Museen oder Galerien gezeigt: MoMA (1965), Metropolitan Museum (1970), Galerie Delpire (1972), Australian Center for Photography (1975), Rencontres d'Arles (1977), CNP (1988).
Er ist ein Meister der visuellen Anspielung. Seine Bilder führen eine fast chaplineske menschliche Komödie vor. Elliott Erwitt ist ein humorvoller Fotograf mit »einem nicht immer optimistischen, aber immer eleganten Blick«.
Photograph and anti-photograph (New York Graphic Society, 1972), *Chiens de ma chienne* (Paris, Chêne, 1974), *Recent developments* (Simon and Schuster, 1978), *Elliott Erwitt* (Paris, Photopoche-CNP, 1988).

Ferrier
Claude-Marie (1811–1889), der Vater, und Jacques-Alexandre (gest. 1912), der Sohn Ferrier, taten sich 1859 mit Soulier zusammen, um ein Atelier am Boulevard de Sébastopol in Paris zu eröffnen. Sie spezialisierten sich auf das Verlegen und den Verkauf von stereoskopischen Landschafts- und Stadtansichten. Ihr Katalog von 1864 bot Fotografien aus der ganzen Welt und natürlich aus Paris an. Sie zählten zu den bedeutendsten Herstellern von Transparentaufnahmen auf Glas, die in Paris und in ganz Frankreich in den Jahren um 1850–60 Furore machten.

Franck, Martine (1938)
Geboren in Antwerpen. Besuchte die Grundschule in den USA, die höhere Schule in England, die Universität in Madrid (1956/57) und in Paris die École du Louvre (1958–62). Begann 1963 in Fernost zu fotografieren. 1964 Arbeit im Fotolabor von *Time Life*. Assistentin von Eliot Elisofon und Gjon Mili. Arbeitete von 1965 an als freiberufliche Fotografin für *Life, Fortune, New York Times* und *Vogue* sowie für die Kooperative des Théâtre du Soleil in Paris. 1970–71 Mitglied der Agentur Vu. Gründete gemeinsam mit Dagbert, Gloaguen, Hers, Kalvar, Lattès, Le Querrec und Dityvon 1972 die Agentur Viva. Seit 1980 mit der Agentur Magnum assoziiert, Mitglied seit 1983. Zahlreiche Einzel- und Gemeinschaftsausstellungen in Frankreich und in anderen Ländern.
Le Théâtre du Soleil: 1789 (Paris, Stock, 1971), *Martine Franck* (Paris, Contrejour, 1976), *Les Lubérons* (Paris, Chêne, 1978), *Martine Franck: Le temps de vieillir* (Paris, Denoël, 1980), *Des Femmes et la création* (1983), *De temps en temps* (Petits frères des pauvres, 1988), *Portraits* (Trois Cailloux, 1988), *Le Collège de France* (Imprimerie nationale, 1995).

Frasnay, Daniel (1928)
Geboren in Villeneuve-le-Roi. 1945 Fotolaborant bei Harcourt, anschließend in den Lipnitzki-Studios. Erste eigene Aufnahmen in Pariser Theatern. Wurde 1950 freier Fotograf, machte Reportagen über das Theater, Revuen und das Pariser Nachtleben. 1953 eine erste Reportage über einen Maler (Herbin, dessen spirituell geprägtes Werk großen Einfluß auf ihn hat). Beteiligte sich 1956 am »Salon national de la photographie«. Trug 1957 die Fotografien zu Georges Simenons Untersuchung über *La femme en France* bei. Verfolgte 1964 für die Zeitschrift *The Gritie* das Zweite Vatikanische Konzil in Rom. Sein Werk *Leur monde* (Draeger, 1969) mit Texten und Bildern über die großen zeitgenössischen Plastiker erhielt auf der Frankfurter Buchmesse den Preis für das beste Buch. Dokumentierte 1970 das letzte Werk des Wandmalers Siqueiros in Mexiko. Zwei Aufenthalte auf den Osterinseln 1979 und 1981. Machte die Farbbilder für das Buch *Villeurbanne, entre dauphin et lion*. Wichtige Retrospektive am Centre Photographique d'Île de France (1991), die auch in Toulouse und anläßlich des »Salon national« in Paris gezeigt wurde. Beteiligte sich 1992 an der Ausstellung »Belleville Belleville«. Stellte »Portraits des jours et de la nuit« im Musée Favre, in Kopenhagen (1993) und in Vitry (1994) aus. Weitere Ausstellungen: »Signes, formes et figures de l'Île de Pâcques« (1993), »César à l'œuvre« (1993), »Invitation aux voyages« (Arles, 1994).

Fusco, Paul (1930)
Geboren in Leominster (Massachusetts, USA). Begann um 1945, sich für Fotografie zu interessieren. Während des Koreakrieges (1951–53) Fotograf für das United States Signal Corps. Studierte 1957 an der Universität von Ohio Fotojournalismus. Arbeitete 1957–71 für das Magazin *Look*. Seit 1973 mit Magnum assoziiert, ein Jahr später Mitglied.
Sense Relaxation: Below the Mind (Colhier Book/Mac Millan, 1968), *La Causa: The California Grape Strike* (Colhier Book, 1970), *The Photo Essay: Paul Fusco et Will Mc Bride* (Alskog, T. Y. Crowell, 1974), *Marina and Ruby: Training a Filly with Love* (William Morrow and co., 1977).

Garros, Olivier (1943)
Geboren in Paris. Begann 1967 zu fotografieren. Unterschiedlichste Arbeiten in Schwarzweiß und in Farbe für verschiedene Firmen (Renault, Peugeot, Saint-Gobain, France Télécom, Dior, EDF, *Elle*, das schwedi-

sche Fernsehen, Elektra, Caisse des dépôts, Mitsubishi, Snecma u. a.) 1978–86 audiovisuelle Arbeiten für die Musées de France. Ab 1975 zeichnete er verantwortlich für mehrere 16-mm- und 32-mm-Filme, sowie Videos, darunter *Le Tchad des rebelles* (1975), *Manet* (1985), *Banc-titre*, der den »Prix à la qualité CNC Paris« erhielt (1990), sowie *À propos de décembre 1995* (1996). Mitglied der Agentur Top.
Stellte 1973 in der Pariser Galerie Delpire »Au bonheur des rues«, 1978 in Tokio und 1991 bei Central Color Paris aus.
Vitrines de Paris (Barret, 1980), *Voyage en Espagne* von Théophile Gautier (La Palatine, 1982), *Le Rendez-vous de Patmos* von Michel Déon (La Palatine, 1982), *Les Mémoires de Gascogne* von Pascal Aubier (Yellow Now, 1996).

Gautrand, Jean-Claude (1932)
Geboren in Sains-en-Gohelle (Pas-de-Calais). Autodidakt, begann 1959 zu fotografieren. Die Entdeckung des Werkes von Otto Steinert war wesentlich für seinen eigenen Zugang zur Fotografie. 1964 Mitbegründer der »Groupe libre expression«. Im selben Jahr wurde er Mitglied im »Club des 30 x 40«, dessen Vizepräsident er wurde. Erhielt den Großen Preis für das Avantgarde-Foto in Spanien (1967) und den »Grand Prix des Arts« der Stadt Marseille (Musée Cantini, 1968).
Einzelausstellungen: Musée d'Art Moderne/ARC Paris (1970), Biennale de Paris (1972), Gallery Neikrug in New York (1974), »Rencontres d'Arles«, Photographers' Gallery in London, Canon Galerie in Genf, Photogalerie in Paris (1977), Musée Nicéphore Niepce in Chalon-sur-Saône (1978).
Gemeinschaftsausstellungen: Musée Galliera Paris (1977), Australian Center of Photography in Paddington (1980), »Ten Contemporary French Photographers« in der Galerie Zabriskie in New York (1981), »Images et imaginaires d'architecture« im Centre Georges Pompidou in Paris (1984, 1990), »Du mur de l'Atlantique au mur de Berlin« im FRAC von Caen (1994), »Métamorphoses parisiennes« im Pavillon de l'Arsenal in Paris (1996).
Seit Ende der siebziger Jahre Kritiker und Redakteur bei verschiedenen Fachzeitschriften. Mitarbeiter der Zeitschrift *Le Photographe*. Organisator und Leiter zahlreicher Ausstellungen.
Seine Fotos lassen den Spuren der Erinnerung weiten Raum, sind poetisch, aber immer themengebunden. Sie fangen Licht, Materie und Linien ein, lassen aber gleichwohl soziales Engagement durchscheinen.
Publikationen: *Murs de Mai* (Pensée et Action, 1968), *L'assassinat de Baltard* (Formule 13, 1972), *Forteresses du Dérisoire* (La Connaissance, 1977), *Bercy, la dernière balade,* gemeinsam mit seinem Sohn Philippe und Alphonse Boudard (Paris, Marval, 1993), Autor von *Paris des photographes – Tome 1* (Paris, Contrejour/Paris Audiovisuel, 1986), das den Prix Vasari für Kunstbücher und den Buchpreis der »Rencontres d'Arles« erhielt, *Hippolyte Bayard, naissance de la photographie* (Trois Cailloux, 1986), *Le Temps des pionniers* (Paris, Photopoche-CNP, 1987), *Visions du sport* (Admira, 1989), *En train* (Manufacture/MPP, 1990), *René-Jacques, chronique d'époque* (Paris, Belfond, 1992), *Les Séeberger, l'aventure de trois frères au début du siècle* (Manufacture/Mission du patrimoine photographique, 1992), *Yan – Jean Dieuzaide* (Paris, Marval, 1994), Redaktionsmitglied von *Nouvelle histoire de la photographie* von Michel Frizot (Paris, Bordas, 1994).

Gautrand, Philippe (1969)
Geboren in Paris. Höhere Schulbildung; besuchte die École Estienne in Paris. Machte erste Instamatikfotos im Alter von sechs Jahren. Ermuntert von Brassaï, fotografiert er seit 1980 Pariser Straßen und Landschaften. Beteiligte sich an der Plakatkampagne »Illustrations de Paris« (Mairie de Paris, 1989) und »L'Esprit libre« (RATP, 1991). Publizierte diverse Postkarten in den Verlagen Marion Valentine (1985) und Admira (1988). Fotografien in *Paris des photographes – Tome 1* (1986). 1989 folgte ein längerfristiges Projekt: *Bercy, la dernière balade*, das gemeinsam mit seinem Vater entstand und einen Text von Alphonse Boudard enthält (Paris, Marval, 1993). Ausstellungen der Fondation Willems (1994), »Métamorphoses parisiennes« im Pariser Pavillon de l'Arsenal (1996) und in der École Estienne (1996).

Gérin, Edith-Claire (1910)
Geboren in Lothringen. Jurastudium. Journalistin (Soziales) von 1941 bis 1952. Begeisterte Amateurfotografin, vor allem von Landschaften. Schloß sich Anfang der fünfziger Jahre dem »Club de Bièvres« an. Von der Befreiung bis Mitte der sechziger Jahre fotografierte sie ausgiebig Paris. Ihre Fotografien erscheinen im Vorspann und in der Kulisse des Filmes *Traveling avant* (J. C. Tacchela, 1987). Bemühte sich besonders darum, Eigentümlichkeiten der Natur im Wald von Fontainebleau und im Land der Katharer nördlich der Pyrenäen festzuhalten. In mehreren Büchern wird der Kern ihrer fotografischen Versuche sichtbar: Ein ungewöhnliches Licht und Überlagerungen prägen die Bilder. Zahlreiche Veröffentlichungen in den Zeitschriften: *Point de Vue – Images du Monde, Planète, Galerie des Arts,* Postkarten im Gendre-Verlag (1989). Fotografien von ihr finden sich auch in den Werken *Paris perdu* (1991), *La photographie humaniste* (Paris, Contrejour, 1992) und *Je me souviens du XIIIème arrondissement.* Beteiligte sich an zahlreichen Gemeinschaftsausstellungen, so in Neapel und Arles (1993) im Rahmen der Ausstellung »La photographie humaniste«. Einzelausstellung im Centre des Bords de Marne (1996).

Gibson, Ralph (1939)
Geboren in Los Angeles. War 1952–56 Schüler der Notre Dame High School in North Hollywood. Verdingte sich ab 1956 in der Marine und lernte fotografieren. Als er 1960 aus der Armee entlassen wurde, schrieb er sich am San Francisco Art Institute ein. Fotografierte Straßenansichten mit einer Rolleiflex. 1961 wurde er Assistent von Dorothea Lange. Im selben Jahr bekam er seine erste Leica. Im folgenden Jahr arbeitete er frei für verschiedene Verlage. Brachte 1966 mit *The strip* sein erstes Buch heraus und beschloß, in New York zu leben. 1967 arbeitete er als Assistent Robert Franks an dem Film *Me and My brother*. Ein Intermezzo bei der Agentur Magnum brachte ihn vom Fotojournalismus ab. Ging 1968 mit Frank nach Mexiko. Gründete 1969 einen eigenen Verlag, Lustrum Press, und veröffentlichte 1970 mit großem Erfolg *The Somnambulist.* Bereiste Europa und Frankreich. Stellte 1973 im Pasadena Museum of Art aus. Im selben Jahr brachte er *Déjà-vu* heraus und erhielt ein Stipendium des »National Endowment from the Arts«, um mit *Days at Sea* seine Trilogie zu beenden (1975). Gründete in New York die »Sex 'n' Drugs Band« und beteiligte sich an den »Rencontres d'Arles« (1975). 1976–77 unternahm er weitere Reisen durch die Welt. 1977 hatte er eine Einzelausstellung in der Galerie Agathe Gaillard in Paris. Sein Verlag expandierte, er publizierte Frank, Slavin, Larry Clark, Seymour und Mary Ellen Mark. Ausstellungen und Vorträge in Deutschland (1978–79). 1983–85 veröffentlichte er *Syntax* und schuf die Serie »Artifacts«, für die er das Guggenheim-Stipendium bekam.
1986 wurde er von Paris Audiovisuel mit einer Hommage an Paris beauftragt; *L'œil flottant* wurde ausgestellt und veröffentlicht. Ernennung zum »Chevalier des arts et des lettres«. Veröffentlichte Aktdarstellungen: *L'Anonyme* (Paris, Contrejour). 1987–88 Retrospektive in der Villa Medici, Veröffentlichung von *Tropism* und *In Situ.* Stellte 1990 in Châlon und 1991 im Wasserturm von Toulouse aus. Veröffentlichte *Chiaroscuro* (Paris, Marval, 1991).

Glinn, Burt (1925)
Geboren in Pittsburgh (USA). Militärdienst (1943–46). Studien an der Havard University (1946–49), Fotograf und Fotoredakteur für *The Harvard Grimson.* Arbeitete für die Zeitschrift *Life* (1949–50) und im Jahr 1950 als freiberuflicher Fotograf. 1951 erste Verbindungen zu Magnum, 1954 dann Mitglied. 1956 Reisen durch die ganze Welt. Erhielt 1960 die Mathew Brady Trophy. Wurde 1972 zum Präsidenten von Magnum gewählt. Arbeitete in der Chefredaktion der Zeitschrift *New York* (1974–77). Präsident der »American Society of Magazine Photographers« (1980–81). 1987 erneute Wahl zum Präsidenten von Magnum.
A Portrait of All the Russias (Hogarth Press, 1967), *A Portrait of Japan* (William Morrow and co., 1968).

Harbutt, Charles (1935)
Geboren in Camden (New Jersey, USA). 1952–56 Studium an der Marquette University in Milwaukee, Diplom als Journalist. Ab 1956 Mitherausgeber des *Jubilee Magazine.* Schrieb und fotografierte Sozialreporta-

gen über Wanderarbeiter und Menschen in den Südstaaten der USA. Ab 1959 arbeitete er freiberuflich; u.a. Fotoreportagen über Kuba, New York und die Wall Street. 1963 Mitglied der Agentur Magnum. Arbeitete für *Look, Life, Newsweek, Paris Match, Stern* oder auch *Época*. 1968–70 beriet er die Planungskommission von New York City; 1970 erschien unter seiner Verantwortung das sechsbändige Werk *The Plan for the City of New York*. 1970 Goldmedaille des Atlanta International Film Festival. 1970–72 Präsident von Magnum. Erhielt für *Travelog* (Cambridge, 1973) 1974 in Arles den Preis für das beste Fotobuch des Jahres. Einladungen vom Art Institute of Chicago und vom Massachusetts Institute of Technology. 1976 erneut zum Präsidenten von Magnum gewählt. Zwei Jahre später verließ er die Agentur und gründete »Archive Pictures«. Zahlreiche Ausstellungen in der ganzen Welt.
Harbutts Fotos wechseln zwischen dem Abstrakten und dem Dokumentarischen, zwischen dem Realen und dem Surrealen. Damit gehört er jener Schule des »Superbanalismus« an, die in den USA in den siebziger Jahren brillierte.
Charles Harbutt (1986).

Hine, Lewis Wickes (1874–1940)
Geboren in Wisconsin (USA). Nach dem Tod seines Vaters – er war damals 18 Jahre alt – arbeitete er in einer Fabrik, setzte aber gleichzeitig sein Soziologiestudium an der Universität von Chicago fort. 1901 unterrichtete er in New York Geographie und richtete eine Fotografieklasse an der Ethical Culture School ein. Begann 1905, die auf Ellis Island eintreffenden jüdischen Einwanderer zu fotografieren. Erwarb ein Diplom an der Universität von New York. Veröffentlichte ab 1905 Artikel über den erzieherischen Wert der Fotografie und arbeitete freiberuflich für diverse soziale Organisationen wie das »National Child Labor Committee«, das ihn 1907 mit dem Auftrag, Kinder bei der Arbeit zu fotografieren, fest anstellte. Diese Arbeit setzte er fort bis 1918, um anschließend für das amerikanische Rote Kreuz die Flüchtlinge in Europa und die Auswirkungen des Krieges zu fotografieren.
Nach seiner Rückkehr nach New York arbeitete er 1920–29 weiterhin über die Arbeiterklasse, belieferte verschiedene Gewerkschaftszeitschriften, Industrieunternehmen und das NCLC mit Artikeln und Bildern. Hine fotografierte 1930 den Bau des Empire State Buildings. Das Yonkers Art Museum in New York widmete ihm eine Einzelausstellung. Hine veröffentlichte 1932 *Men at work* (Macmillan). 1933–38 arbeitete er nur sporadisch. Berenice Abbott führte ihn 1938 bei der »Photo League« ein, wo eine Retrospektive für ihn organisiert wurde.
»Gute Fotografie ist eine Kunst«, schrieb er. Indem er seine Kunst für gesellschaftskritische Zwecke einsetzte, verlieh er dem sozialen Dokumentarfoto Gewicht. Er war überzeugt, daß es den Lauf der Ereignisse beeinflussen könne, indem es soziale Ungerechtigkeiten offenlege.

Horvat, Frank (1928)
Geboren in Abbazia (Italien). Floh 1939 mit seiner Familie nach Lugano, wo er ab 1949 die höhere Schule besuchte. Verkaufte 1944 seine Briefmarkensammlung, um sich einen Fotoapparat zu kaufen. Nach seiner Rückkehr nach Italien studierte er an der Accademia di Brera Zeichnen. Arbeitete anschließend bei diversen Mailänder Werbeagenturen als Grafiker. 1951 machte er eine Fotoreportage über Norditalien, die in *Epoca* erschien. 1952–54 Reise nach Indien, Veröffentlichungen in *Paris Match, Picture Post* und *Life*. Beteiligte sich an der Ausstellung »Family of Man« (1955). Ließ sich 1955 in Paris nieder, wo er für Rapho und die amerikanische Agentur Black Star arbeitete. Fotografierte mit dem Teleobjektiv eine Paris-Serie, die in *Camera* erschien. Arbeiten für *Jardin des Modes, Elle,* die britische *Vogue* (1958), später für *Réalités, Harper's Bazaar, Glamour* und *Esquire* (1959–64).
1976 arbeitete er an der Reihe »Bäume«, die zum Thema zahlreicher Ausstellungen weltweit wurde. Stellte auch seine »Photographies de mode«, seine »Nus« und seine Reihe »Vraies semblances« in vielen internationalen Galerien und Museen aus. Versuchte sich ab Juli 1980 an Farbabzügen per Computer. Unterrichtete 1985–90 an der Schule ICART, anschließend (1991–92) an der Penninghen-Akademie in Paris. Seine »Images informatiques« wurden 1992 in Paris und sein »Bestiaire d'Horvat« 1994 im CNP ausgestellt.
Strip-tease (Rencontre, 1962), *Frank Horvat, côté-mode* (Paris Audiovisuel, 1989), *Entre-vues* (Paris, Nathan, 1990), *Les sculptures de Degas* (Imprimerie Nationale, 1991), *Le Chat botté* (Paris, Gautier Languereau, 1992), *Arbres* (Imprimerie Nationale, 1994), *Le bestiaire d'Horvat* (Arles, CNP/Actes Sud, 1994).

Humbert de Molard, Baron Louis-Adolphe (1800–1874)
Geboren in Paris. Jurastudium. Zusammenarbeit mit seinem Onkel, der sich mit dem »Carporama« beschäftigte, einer Sammlung von originalgroßen, gefärbten Wachsfrüchten und -blumen, die 1853 an den Jardin des Plantes verkauft wurde. 1840 lernte er bei Bayard fotografieren. Ließ sich 1843 in Lagny bei Paris nieder. Verwendete die Daguerrotypie, besonders aber die Kalotypie und ab 1846 Salzpapier, bevor er von 1848 bis 1850 mit Albumin auf Glas arbeitete. Gemeinsam mit Niepce de Saint Victor und H. de Brebisson Versuche, Fotografien auf albuminisierten Glasplatten zu fixieren.
Gründungsmitglied der »Société française de photographie« (1854), und bis 1865 Mitglied des Verwaltungsrates. Autor eines Berichtes über die Brüsseler Weltausstellung 1856. Starb 1874 in Paris. Ein Magier der Fotochemie, ein beachtlicher Daguerreotypist, ein Künstler mit Geschmack, der brillante Genreszenen schuf sowie erlesene Kompositionen zwischen Romantik und Realismus.

Izis (1911–1980)
Hieß mit bürgerlichem Namen Israël Bidermanas. Wurde in Mariampolé in Litauen geboren. Ab 1924 Fotolehrling; emigrierte 1930 nach Paris. Eröffnete ein Jahr später ein Geschäft in der Rue Nationale im 13. Pariser Arrondissement. 1940 zwangen ihn die Judenverfolgung und der Krieg, ins Limousin zu flüchten. Beteiligte sich 1944 an der Befreiung von Limoges; Freiwilliger der Résistancetruppe FFI. Fotografierte eine Gruppe von Widerstandskämpfern. 1944 wurden die Fotos in der Galerie Folklore, Limoges, unter dem Titel »Ceux de Grammont« ausgestellt. 1946 kehrte er nach Paris zurück und stellte in der Galerie La Boétie Fotografien aus, die den Großteil seines Buches *Paris des rêves* (Claire Fontaine, 1949) ausmachen. Arbeitete ab 1949 freiberuflich für *Paris Match* und fotografierte Marc Chagall, wie er die Decke der Pariser Oper gestaltete. Zahlreiche Ausstellungen, etwa in New York (MoMA, 1952), Chicago (1955) und Tel Aviv (1972), Ehrengast bei den »Rencontre d'Arles« (1978), »Izis rétrospective« (CNMH, 1988), Musée Nicéphore Niepce (Châlon-sur-Saône, 1990), Amsterdam (1990).
Einer der ehrlichsten Poeten der Fotografie, den Paris faszinierte. Seine einfachen Bilder voller Zärtlichkeit lassen Raum zum Träumen.
Grand bal du printemps mit einem Text von Jacques Prévert (Claire-Fontaine, 1951), *Le cirque d'Izis* (Sauret, 1965), *Le monde de Chagall* (Paris, Gallimard 1969), *Paris des poètes* (Paris, Nathan, 1977), *Izis de Paris et d'ailleurs* (Paris-Musées, 1988), *Izis, photographies 1944–1980* (La Martinière, 1988), *Izis* (Paris, Photopoche-CNP, 1994).

Jahan, Pierre (1909)
Geboren in Amboise an der Loire. Durch seine Familie lernte er sehr früh zu fotografieren. Beteiligte sich 1925–30 an zahlreichen Amateurausstellungen. Arbeitete eine Zeitlang bei einer Bank, die er verließ, um nach Paris zu gehen. Begegnung mit Emanuelle Sougez, der ihm riet, als Profi zu arbeiten. Trat im Jahr darauf in das Atelier Raymond Gid ein, wo er Drucktechniken und die Kunst des Typographie erlernte. Arbeitete für *Plaisir de France*, deren Hauptillustrator er vierzig Jahre lang blieb. Gründete 1936 zusammen mit Sougez die Gruppe »Rectangle«. Illustrierte Warenhauskataloge (Trois Quartiers) und wurde künstlerischer Leiter der Zeitschrift *Messieurs* (1939–41). Während dies Krieges sah er sich dazu veranlaßt, den Fotoapparat eine Zeitlang mit dem Pinsel zu vertauschen. Seither malt er immer wieder und stellt unter dem Pseudonym La Noiraie aus. Publizierte *La mort et les statues* (Éditions du Compas, 1946, Neuauflage Seghers, 1977). Schloß sich im selben Jahr der »Groupe des XV« an. Setzte sich äußerst aktiv für die Autorenrechte ein (Mitbegründer von ANPP). 1950–70 lancierte er zahlreiche Werbekampagnen für Citroën, Renault, Daum oder auch Dupont. 1956–91 war er Fotograf des Kommissariats für Atomenergie.
Un anniversaire de Cocteau (Paris, Marval, 1989), *Objectif* (Paris, Marval, 1994).

Kalvar, Richard (1944)
Geboren in New York. Student an der Cornell University (1961–65). Arbeitete in New York als Assistent von Jérôme Ducrot, bereiste dann bis 1967 Europa. Kehrte an die Cornell University zurück, um sein Literaturstudium mit einem BA abzuschließen (1968). Freier Fotograf in New York. Ließ sich 1971 in Paris nieder, wo er zur Agentur Vu ging. 1972 Mitbegründer der Agentur Viva. Beteiligte sich an der Ausstellung »Familles en France« (1973). Assoziiertes Mitglied von Magnum ab 1975, Mitglied ab 1977. Von 1984 bis 1988 Vizepräsident von Magnum Europa.
L'usine (Colgate-Palmolive, 1987).

Kenna, Michael (1953)
Geboren in Widnes (Großbritannien). Ausbildung in England. Erster Fotoapparat 1966. 1973–76 Kunststudium am Londoner College of Printing. Begann 1973 ernsthaft zu fotografieren und stellte im Jahr darauf zum ersten Mal aus. 1977 lebte er in den USA und reiste in der Welt umher. 1978 Assistent von Ruth Bernhard. Erste Einzelausstellung an der Banbury School of Art (1979). Technischer Assistent beim »Ansel Adams Photography Workshop« in Carmel. Vorträge und diverse Assistenzen an kalifornischen Universitäten. Erhielt 1981 den Imogen-Cunningham-Preis und den Zellerback-Preis in San Francisco. Zahlreiche Ausstellungen in den bedeutenden internationalen Galerien. Preis des Institute for Aesthetic Development in Pasadena (1989).
A Twenty Year Retrospective (Treville, 1994), *The Rouge* (Ram Publications, 1995).

Kertész, André (1894–1985)
Geboren in Budapest (Ungarn). Ausbildung an der Handelsakademie, arbeitete ab 1912 an der Börse. Von den ersten Ersparnissen kaufte er sich einen Fotoapparat. Diente 1914 in der österreichisch-ungarischen Armee und machte dort eine große Reportage. Einige Fotografien erschienen in der Presse, die anderen jedoch wurden während der Revolution von 1918 zerstört. Beschloß nach dem Krieg, Fotograf zu werden. Gelangte 1925 nach Paris und ließ sich in Montparnasse nieder. Machte zahlreiche Straßenbilder und Künstlerporträts. Erste Einzelausstellung 1927 (Galerie Le Sacre du Printemps). Fotografien von ihm erschienen in den renommierten Zeitschriften *Frankfurter Illustrierte*, *Berliner Illustrirte*, *The Times* u. a. 1928 kaufte er seine erste Leica und arbeitete für *Vu* und andere Zeitungen. Eine Ausstellung folgte der anderen: in Stuttgart »Film und Foto«, in Essen »Zeitgenössische Photographie« 1929. 1933 schuf er seine berühmten »Distorsions«, ging dann 1936 nach New York. Der Krieg zwang ihn, in den USA zu bleiben, wo er für *Harper's Bazaar, Look, Vogue* und *Colliers* arbeitete. Seine Innenaufnahmen und Modefotos wurden geschätzt, seine Reportagen jedoch blieben unverstanden. Arbeitete von 1949 bis 1962 exklusiv für Condé Nast in New York. 1963 löste er seinen Vertrag und fotografierte nur noch zu seinem Vergnügen; im gleichen Jahr Goldmedaille bei der Biennale von Venedig. Einzelausstellungen in der Bibliothèque Nationale (Paris 1963), im New Yorker MoMA (1964), im Centre Georges Pompidou (Paris 1977). Wurde 1983 Ritter der Ehrenlegion und erhielt den »Grand Prix national de la photographie«. In den achtziger Jahren zahlreiche Ausstellungen weltweit. Seine Ausstellung »Kertész of Paris and New York«, begleitet von einem wichtigen Katalog-Buch, wurde 1985 im Art Institute of Chicago und im New Yorker Metropolitan Museum of Art gezeigt, im Jahr darauf dann im Pariser Palais de Tokyo. »André Kertész: a portrait of ninety« wurde im ICP (New York), in Tokio und in Osaka gezeigt. Außerdem Ausstellungen im Musée Jacquemart André (Paris 1988). 1985 erschien in der Reihe »Photopoche« ein Band über ihn.
1984 überließ André Kertész seine gesamten Negative und seine Korrespondenz dem französischen Staat als Schenkung. Seine dauernde Neugier, sein Sinn für Formen und Ungewöhnliches, eine originelle Sichtweise und ein sensibler Umgang mit Menschen und Dingen machten aus Kertész einen Meister, »dem wir alle viel verdanken« (Cartier-Bresson). Eine der größten, wenn nicht die größte Persönlichkeit in der Geschichte der Fotografie.
Paris vu par André Kertész (Paris, Ed. d'Art et d'Histoire, 1934), *Nos amis les bêtes* (Paris, Ebd., 1936), *Day of Paris* (NY, 1945), *Lectures* (Paris, Chêne, 1971), *André Kertész, Soixante ans de photographies 1912–1972* (Paris, Chêne, 1972), *Distorsions* (Paris, Chêne, 1976), *A ma fenêtre* (Herscher, 1982), *André Kertész, soixante-dix années de photographies* (Hologramme, 1987), *Ma France* (ADPP/La Manufacture, 1990), *André Kertész, la biographie d'une œuvre* (Paris, Seuil, 1994).

Klein, William (1928)
Geboren in New York. Wuchs in Manhattan auf und studierte Soziologie. Mit 18 Jahren zwei Jahre Militärdienst in Deutschland und Frankreich (1946–47), eines davon im Rahmen eines amerikanisch-französischen Freundschaftsprogramms an der Sorbonne. Ließ sich 1948 in Paris nieder, um Maler zu werden. Arbeitete mit Fernand Léger. Stellte 1950–54 in Frankreich und Italien aus, wo er eine Reihe von Wandbildern für italienische Architekten schuf. Entwickelt Interesse an fotografischen Techniken. Ging 1954 nach New York zurück, wo er ein entlarvendes Fototagebuch über die Rückkehr in seine Geburtsstadt schuf. Als Buch erschien es unter dem Titel *New York* (Paris, Seuil, 1956, Neuauflage Marval, 1995). Während es in den Vereinigten Staaten auf Ablehnung stieß, wurde er in Frankreich 1957 mit dem Prix Nadar ausgezeichnet. Weitere Bücher folgten: *Rome* (Paris, Seuil, 1958), *Moscou* (Zokeisha Publications, 1964), *Tokyo* (Zokeisha Publications, 1964). Arbeitete 1955–65 für die amerikanische *Vogue*, stellte dabei das vorherrschende Verständnis von Mode durch freche und grafische Elemente in Frage.
Erlebte sein Debüt als Filmemacher 1958 mit *Broadway by light*, einem Farbfilm, der den Pop bereits ahnen läßt. Gab in den sechziger Jahren die Fotografie auf und drehte eine Reihe weiterer Dokumentarfilme: *Mohammed Ali the Greatest* (1964 und 1974), *Fern von Vietnam* (1967), *Grands soirs et petits matins* (1978). Außerdem Spielfilme: *Wer sind Sie, Polly Maggoo* (Prix Jean Vigo, 1967), *Mr. Freedom* (1968), *Le couple témoin* (1975) u. a.
Ehrengast bei den »Rencontres d'Arles« 1978; begann wieder zu fotografieren. Stellte nun weltweit aus. Veröffentlichte zahlreiche Kataloge und Bücher, darunter *Close up* (Braus, 1989), *Torino 90* (Federico Motta, 1990), *Mode in and out* (Paris, Seuil, 1994). Erhielt zahlreiche Auszeichnungen: Hasselblad-Preis, »Grand prix national de la photographie«, Guggenheim Award u. a.). Nachdem William Kleins New York-Bilder vierzig Jahre lang auf dem Index standen, wurden sie in den USA erst anläßlich der Eröffnung des San Francisco Museum of Modern Art zum ersten Mal ausgestellt. Die Ausstellung wurde 1996 übernommen vom »Maison européenne de la photographie«, begleitet von einer Neuauflage von *New York* (Marval).

Koudelka, Josef (1938)
Geboren in Boskovice in Moravien (Tschechoslowakei). Fotografierte um 1952 Familie und Freunde. Ingenieurstudium an der Technischen Universität von Prag (1956–61). Erste Ausstellung 1961, im Jahr seiner ersten Auslandsreise nach Italien. Begann Zigeuner und die Arbeit in unterschiedlichen Theatern zu fotografieren. Luftfahrtingenieur (1961–67). Erhielt 1967 für seine Theaterfotos einen Preis der tschechoslowakischen Künstlerunion und beschloß, sich ganz der Fotografie zu widmen. Aufnahmen vom Einmarsch in Prag 1968, die ihm den Robert-Capa-Preis (1970) einbrachten. Emigrierte 1970 nach England. Arbeitete im Jahr darauf erstmals für Magnum. Fotografierte weiterhin Zigeuner, Volksfeste und den Alltag in verschiedenen europäischen Ländern. 1975 Einzelausstellung im New Yorker MoMA. Veröffentlichung seines Buches *Les Gitans, la fin du voyage* (Paris, Delpire, 1977), für das er 1978 den »Prix Nadar« erhielt. Mehrere Stipendien und Auszeichnungen. Große Retrospektive in London (1984), später zeitgleich im ICP von New York und im CNP von Paris (1988). Nahm 1987 die französische Staatsbürgerschaft an. Erhielt 1989 den »Grand prix national de la photographie«.
Josef Koudelka (Paris, Photopoche-CNP, 1984), *Exils* (CNP, 1988), *Josef Koudelka* (Mission Photographique Transmanche, 1989).

Kuligowski, Eddie (1946)
Geboren in Montargis südlich von Paris. Seit 1972 Fotograf; arbeitete u. a. für die Agentur Viva. Ließ sich in Paris nieder. 1976 »Prix Niepce«. Seit Beginn seiner Karriere beteiligte er sich an zahlreichen Gemeinschafts- und Einzelausstellungen in Frankreich, im restlichen Europa, in Japan und den USA.
Collection Premier (Paris, Marval/Trois Cailloux, 1991).

Lamoureux, Michel (1952)
Geboren in Paris. Arbeitete nach der Ausbildung ab 1972 im Labor Pictorial. Parallel dazu fotografierte er selbst. Beteiligte sich an verschiedenen Gemeinschaftsausstellungen: »Salon d'automne« (Paris 1994), »Biennale de la jeune photographie« (CNP 1985), »Mai de la photographie« (Reims 1987). Einzelausstellungen: Galerie Canon (Paris 1984), Agora d'Evry (1989).
Le bout du monde à Neuilly-Plaisance (Maurice Nadaud, 1994).

Lartigue, Jacques-Henri (1894–1986)
Geboren im Pariser Vorort Courbevoie. Bekam seinen ersten Fotoapparat mit sieben Jahren. Aus Begeisterung an Tempo und Bewegung machte er erste Schnappschüsse: Sprünge und Spiele, mit denen sich seine Brüder und Cousins im Schloß Le Rouzat vergnügten. Ab 1904 interessierte er sich für die Anfänge der Luftfahrt und des Automobils. Begann 1910, die eleganten Damen im Bois de Boulogne zu fotografieren. Verkaufte sein erstes Bild *Das Leben im Freien* 1911. Da er Maler werden wollte, besucht er die Académie Jullian (1915). Stellte beim »Salon d'automne« 1922 erstmals aus. In den nächsten Jahren folgten weitere Ausstellungen. 1932 Regieassistent bei dem Film *Les aventures du Roi Pausole.* Illustrierte 1935 Modezeitschriften und schuf Kulissen für die Feste in Cannes, La Baule und Lausanne. Bis in die fünfziger Jahre hinein malte er. 1954 Vizepräsident von »Gens d'images«, gegründet von Albert Plécy, der seine ersten Fotos in *Point de vue* veröffentlichte und ihn gemeinsam mit Brassaï, Doisneau und Man Ray ausstellte. Reiste 1962 nach New York, wo Szarkowski seine Fotos entdeckte und 1963 eine große Ausstellung im MoMA für ihn organisierte. Zehn Seiten in *Life.* 1966 Publikation von *Album de famille*, 1970 dann von *Diary of a Century*, ein von Richard Avedon konzipiertes Buch, das den Wert seines Werkes enthüllte. Eine erste Retrospektive in Paris 1975 im Musée des Arts décoratifs »Lartigue 8x80«. Überließ 1979 sein gesamtes Werk dem französischen Staat (200000 Dokumente) als Schenkung. 1980 zeigte das Grand Palais in Paris die Ausstellung »Bonjour Lartigue«, die anschließend um die Welt ging. Inzwischen ist ihm eine Dauerausstellung gewidmet.
Les photographes de J. H. Lartigue (Ami-Guichard, 1966), *Instants de ma vie* (Paris, Chêne, 1973), *J. H. Lartigue et les femmes* (Paris, Chêne, 1973), *J. H. Lartigue et les autos* (Paris, Chêne, 1974), *Mémoires sans mémoire* (Paris, Laffont, 1975), *L'Émerveillé, écrit à mesure, 1923–1931* (Paris, Stock, 1981), *Jacques-Henri Lartigue* (Paris, Photopoche-CNP, 1983), *Le passé composé – 6x13* (Paris, Photopoche-CNP, 1984), *L'Œil de la mémoire 1932–1985* (Paris, Carrère-Laffont, 1986), *Jacques-Henri Lartigue – La traversée du siècle* (Paris, Bordas, 1990), *Jacques-Henri Lartigue* (La Manufacture, 1992).

Laurent, Michel (1946–1975)
Ging mit 16 Jahren zu Associated Press. Arbeitete im Labor, machte jedoch parallel dazu erste Fotoreportagen. Wurde 1968 hauptberuflicher Fotograf. Coverte alle Großereignisse: Mai 68, Prag 1969, Palästina 1970, Irland und Vietnam 1972. Erhielt 1972 den Pulitzer-Preis für das Foto von der Tötung eines Gefangenen in Dhaka. Arbeitete ab 1973 für Gamma, so in Äthiopien, Zypern und Israel. In der Nähe von Saigon fand er im April 1975 den Tod, wenige Stunden vor dem Ende des Vietnamkrieges.
Je pense à vous (Paris, Seuil, 1994).

Le Diascorn, François (1947)
Geboren in La Flèche, nördlich der Loire. Studierte Jura und Politikwissenschaften. Begann 1971 zu fotografieren und unternahm im selben Jahr eine erste Reise nach Indien. 1972–73 Fotograf und Kameramann für einen amerikanischen Fernsehsender. Reise nach Mexiko. Kehrte nach Frankreich zurück und arbeitete von 1973 bis 1976 in der Werbung. Aufnahmen von den 200-Jahr-Feierlichkeiten der amerikanischen Unabhängigkeit. Ging 1978 zur Agentur Viva. Erhielt ein Stipendium der »Fondation nationale de la photographie« (1979), und wurde ausgewählt für »Jeune photographie française« in Arles. Anläßlich der Ausstellung »Photoscopie 81« widmete er sich 1981 der Musikgruppe »Urban Sax«; hieraus gingen auch ein Katalog und ein Film hervor. Bereiste bis 1984 vor allem die USA, später Europa und Asien. Verließ die Agentur Viva und ging 1986 zur Agentur Rapho. Erhielt für sein Projekt »Animaux magiques« ein Stipendium der Stiftung Angénieux. Unternahm erneut eine zweijährige Reise um die Welt. »Prix Air France« 1988, Leonardo-da-Vinci-Stipendium des Außenministeriums für Japan. 1990 Reportage über den Umbau der Galerie de Zoologie im Pariser Jardin des Plantes. Reisen durch Osteuropa und durch die Vereinigten Staaten.
Stellte im Centre Culturel Français in New York aus (1980), in Lissabon (1982), in der Bibliothèque Nationale (1982), im Wasserturm von Toulouse (1985), im Musée Niepce (1987) und in Montpellier (1990).
Gemeinschaftsausstellungen: Beaubourg (1981, 1982, 1988), CNP (1984, 1987).

Le Querrec, Guy (1941)
Geboren in Paris. Bekam 1953 seine erste Kamera und begann zu fotografieren. Nach dem Abitur (1960) arbeitete er bis 1967 bei einer Versicherungsgesellschaft, unterbrochen durch den Militärdienst (1962–64). 1968 arbeitete er ein paar Monate in einem Labor und beschloß dann, Berufsfotograf zu werden. War Reporter und Leiter der Fotoabteilung bei der Zeitschrift *Jeune Afrique*. Reisen nach Schwarzafrika und in den Maghreb. Nach einem Streik 1971 Entlassung. Ging mit seinem Archiv zur Agentur Vu. 1972 Mitbegründer der Agentur Viva. Fotografierte die Revolution in Portugal (1974–75). Arbeitete ab 1976 für Magnum und hielt bei den »Rencontres d'Arles« den ersten von zahlreichen Workshops ab. 1977 zum Mitglied von Magnum gewählt. Erhielt 1979 ein Stipendium der Stadt Paris. Initiator von »Jazz et images« sowie »Jazz et photo«.
Zahlreiche Ausstellungen: Amsterdam, Toulouse (1978), Salon de la Photo in Paris (1979 und 1985), Charleroi (1983), Maison de la Culture in Amiens (1989 und 1996), außerdem in einer Reihe französischer Kulturzentren in anderen Ländern. Gemeinschaftsausstellungen mit Viva (»Familles en France« 1973) und vor allem Magnum (Tokio 1973, Arles 1988, Paris 1992).
Le Querrec ist ein Fan des Jazz, dem er seit 1961 sein Interesse und zahlreiche Ausstellungen widmet. Er bringt Frische, Humor und eine Beobachtungsgabe in die Fotografie und vermag das Unerhörte einer Situation zu erfassen. »Die Fotografie ist eine ambivalente Herausforderung des Zufalls«, meint Le Querrec, und »um klarer zu sehen, reibt Euch die Augen mit Schmirgelpapier«.
Quelque part (Paris, Contrejour, 1977), *Jazz comme une image – Banlieues bleues* (Scandéditions, 1993), *Portugal 1974–75. Regards sur une tentative de pouvoir populaire* (Hier et Demain, 1979), *Tête à tête, Daniel Druet, sculpteur* (Carrère, 1996), *Le JAZZ de JàZZ* (Paris, Marval, 1996).

Liebert, Alphonse J. (1827–1913)
Demissionierte 1848 von seinem Posten als Marineoffizier, um sich der Fotografie zu widmen. Ging 1851 in die USA und ließ sich als Fotograf in San Francisco nieder. Er war Porträtfotograf. Seine Begeisterung galt jedoch der technischen Seite der Fotografie, die Thema mehrerer Bücher wurde. Nach seiner Rückkehr nach Paris 1863 ließ er sich mit dem Aushängeschild »amerikanische Fotografie« am Boulevard des Capucines Nummer 13 nieder. Dort bot er eine Vergrößerungskammer ohne Reflektor an. Eine erste Ausstellung fand 1864 in Paris statt. Publizierte im selben Jahr *La Photographie en Amérique*, ein Buch, das in vier Auflagen erschien. Beteiligte sich an den Weltausstellungen in Paris (1867) und Wien (1873). Richtete sich 1869 in der Rue Saint-Lazare ein. Machte Aufnahmen während der Pariser Kommune und beeilte sich, nach ihrem Sturz die Ruinen zu fotografieren; verkaufte die Bilder unter dem Titel *Les Ruines de Paris et de ses environs 1870–71: cent photographies.* 1873 präsentierte er nach eigenem Verfahren erstellte Vergrößerungen. Veröffentlichte 1876 ein Buch über die »Fotografie für jedermann nach dem Kohlenstoffverfahren«. Richtete 1879 in der Rue de Londres das erste Studio mit elekrischem Licht ein. Machte ab 1880 Theateraufnahmen. Beteiligte sich 1881 an der »Exposition d'électricité« in Paris. Meldete 1891 ein Patent für ein Verfahren an, mit dem sich Fotos mit Flüssigfarbe völlig regelmäßig in allen Farbtönen mechanisch kolorieren ließen. 1889 Beteiligung an der Pariser Weltausstellung. 1895 gliederte Liebert seinem Atelier eine Fabrik für Fotopapier an.

Maïofiss, Michel (1943)
Geboren in Chamonix. Klassische und technische Schulbildung. Wurde aus Kinobegeisterung Assistent von Jacques Deray und Claude Chabrol (1966). Begann 1968 zu fotografieren, drehte aber gleichzeitig Kurzfilme: *Éléonore* (1973) und *La Girafle* (1975). Für das »Festival des jungen Films« in Toulouse ausgewählt. Arbeitete 1978–81 in der Agentur Gamma. Diverse Reportagen für *Géo, Actuel* u. a. Machte Fotos in der ganzen Welt, aber auch vom Leben in Paris, wo er mit Vorliebe umherstreift. 1982–83 am Tricktisch produzierte Kurzfilme für das Fernsehen (Vorspann zu der Interview-Sendung »Droit de réponse«). Stellte zusammen mit anderen Vertretern der Jungen französischen Fotografie im Centre Georges Pompidou aus (1977–78), in der Fondation Nationale de la Photographie (1980) und im ARC (Musée d'Art Moderne, 1983), in Arles (1984 und 1987) und im Maison de la Villette in Paris (1988, 1990 und 1994). Maïofiss, derzeit freier Fotograf, ist ein Träumer und einsamer Flaneur, der den anderen beim Leben zuschaut. »Zwischen größter Indiskretion und höchster Verschwiegenheit schwankend«, schenkt er uns Bilder, die »Schnipsel gestohlener, man möchte sagen heimlich offengelegter Zeit sind« (Carole Naggar).

Martin, André (1928)
Geboren in Saint-Laurent-en-Caux (Normandie). Gymnasialzeit in Rouen. 1950 Diplom als Kameramann an der École de Vaugirard. Ließ Film bald Film sein, um sich der Fotografie in all ihren Formen zu widmen: Reportagen, Landschaftsaufnahmen, Tierbilder und Architekturfotos. Wechselt mit großem Vergnügen zwischen Auftragsarbeiten, Werbekampagnen und eigenen Versuchen hin und her. Zahllose Veröffentlichungen in Zeitschriften: *Elle, Marie Claire, Vogue Déco, Air France Madame, Elle Déco* (Dekoration, Gastronomie, Garten).
Publizierte eine Reihe von Büchern bei Delpire: *Chambord* (1963), *Kairouan* (1963), *Tout Paris* (1964), *La Tour Eiffel (*1965), *L'insecte* (1968), *Images d'une France* (1977). Erhielt 1977 den »Prix Nadar« für *Les noires vallées du repentir* (Entente). *A la table de Georges Sand, Colette gourmande, Le jardin de George Sand, Le jardin de Proust, A la table de Giono*, sowie *Sologne gourmande.*

Masclet, Daniel (1892–1969)
Geboren in Blois an der Loire. Studierte bereits in jungen Jahren Cello und wurde mit 17 Preisträger des Konservatoriums. Seine Karriere als Berufsmusiker wurde durch den Ersten Weltkrieg unterbrochen und endete im Jahr 1928. 1920 lernte er Demachy kennen, der ihn Baron de Meyer vorstellte, einem großen Modefotografen. War bis 1925 dessen Assistent. Wechselte 1925–28 zu *Vogue*, damals unter der Leitung von Lucien Vogel. Ließ sich 1928 in Paris auf der Île Saint-Louis nieder und widmete sich ganz seiner Kunst. Bezog Position gegen die große Strömung seiner Zeit, die künstlerische Fotografie (»pictorial photography«), und predigte die »reine Fotografie«. Spezialisierte sich zunehmend auf Porträts und Landschaften. In diversen Schriften, Vorträgen und fotografischen Arbeiten lehrte er die Geheimnisse einer authentischen Fotografie von unerhörter technischer Perfektion.
Er war ein Perfektionist, ein Polemiker und Philosoph, der lange Zeit Ehrenvorsitzender des Pariser Fotoclubs »30 x 40« war. Beteiligte sich als Fotograf wie als Juror an zahllosen Ausstellungen. Gründete 1933 den »Salon du nu féminin«.
Nus (Braun, 1934), *Le Paysage en photographie* (Montel, 1935), *Le Portrait* (Photo Revue, 1969).

Monier, Albert (1910)
Geboren im Cantal. Gymnasialzeit in Rouen. Trat mit 17 Jahren in die Möbelhandlung seines Vaters ein; sammelte Postkarten. Kaufte 1928 seinen ersten Fotoapparat und machte Amateurfotos vom Alltag der Menschen und den Dingen um ihn herum. Des Handels überdrüssig, ging er nach Marokko, um den Beruf des Fotografen auszuüben. Als er wirtschaftlich scheiterte, kehrte er 1950 nach Paris zurück. Beschloß, Postkarten von den Seineufern, dem Leben auf der Straße und der Pariser Folklore anzufertigen. Erarbeitete in 14 Tagen eine erste Fotoserie, die er im Cantal in einer alten Scheune entwickelte und persönlich an Pariser Buchhandlungen verkaufte. Trotz dieses besonders schwierigen Einstiegs wurden so Millionen von Karten verkauft. Verlegte 1960 eine Serie mit allgemeinen Sujets und 1962 Fotoposter. Zog sich 1970 aus dem Berufsleben zurück.
Abseits aller Moden und Schulen kämpfte Albert Monier für die Verbreitung von handwerklich sauberen Bildern für einfache Leute. Eigentlich ist er der Erfinder der modernen Postkarte und steht am Beginn der heutigen Begeisterung für diese inzwischen eifrig gesammelten Aufnahmen.
Paris (LPAM Chanterelle Cantal, 1950), *Au pays des grands causses* (1959), *Albert Monier photographe* (Aurillac, 1983).

Nadar (1820–1910)
Geboren in Paris. Sein bürgerlicher Name war Gaspard-Félix Tournachon. Ab 1832 Schüler des Collège Bourbon (heute Lycée Condorcet), bevor er 1835 seiner Familie nach Lyon folgte. Nach einem bald abgebrochenen Medizinstudium versuchte er sich im Journalismus. Mischte sich nach seiner Rückkehr nach Paris 1838 rasch unter die »Bohème«, wo er den Namen Nadar erhielt, den er sich schließlich selbst zu eigen machte. Gründete 1839 die Zeitung *Le Livre d'or*, in der er auch Schriften von Dumas, Gautier und Nerval veröffentlichte. Ging 1842 zu der linken Zeitung *Le Commerce* und begann zu zeichnen. Publizierte 1845 *La Robe de Dejanire.* Nadar wurde nun ein renommierter Karikaturist, seine Zeichnungen erschienen in *Le Charivari, Le Journal pour rire* und *Voleur.* Außerdem gründete er die *Revue comique* (1849). Entwickelte 1853 Interesse an der Fotografie. Eröffnung seines Studios in der Rue Saint-Lazare Nummer 113. Publizierte im Jahr 1854 *Le Panthéon Nadar.* In den Jahren 1854–56 entstanden Nadars schönste Porträts, die von Vigny, Baudelaire oder auch Gautier. Somit stand Nadar 1856 an der Spitze von drei illustrierten Zeitungen und eines höchst erfolgreichen Studios. Aus Interesse an der Luftschiffahrt machte er 1858 seine erste Luftaufnahme aus einem Fesselballon heraus. Zog um in ein luxuriöses Gebäude am Boulevard des Capucines, das er mit Kunstlicht ausrüstete. Nur bei Magnesiumlicht war es ihm übrigens möglich, die Katakomben und die Abwasserkanäle von Paris zu fotografieren. 1863 stieg zum ersten Mal »Le Géant« auf, ein 6000 m^3 fassender Ballon, der einige Monate später abstürzte. Das bedeutete Nadars Ruin. Während der Belagerung von 1870 organisierte er gemeinsam mit Luftschiffern den Transport der Pariser Post. Zog 1872 um in die Rue d'Anjou-St.-Honoré. Die erste Impressionisten-Ausstellung (1874) zeigte er jedoch in seinen ehemaligen Räumen am Boulevard des Capucines. Überschrieb das Studio seinem Sohn Paul, der es bis 1894 weiter betrieb. 1896 eröffnete Nadar ein bescheidenes Atelier in Marseille. Schrieb in den letzten Lebensjahren seine Memoiren: *Quand j'étais photographe* (Paris, Flammarion, 1900), *Charles Baudelaire intime* (Blaizot, 1911).
Nadar, 50 photographies (Barret, 1975), *Nadar* (Arthur Hubschmid, 1979), *Nadar, les années créatrices 1854–1860* (RMN, 1994).

Newton, Helmut (1920)
Geboren in Berlin. Besuchte von 1928 bis 1932 das Heinrich-von-Treitschke-Realgymnasium und anschließend bis 1935 die amerikanische Schule. 1936/37 Unterricht bei der Fotografin Yva (Else Simon), die berühmt war für ihre Mode-, Akt- und Porträtaufnahmen. Emigrierte 1938 nach Australien. Diente bis 1944 in der australischen Armee und ließ sich nach Kriegsende als selbständiger Fotograf in Sydney nieder. Mitarbeit bei *Vogue.* Ging nach seiner Heirat mit June F. Brown 1948 nach London und später, 1957, nach Paris. Arbeitete nun intensiv für zahlreiche Zeitschriften (*Jardin des Modes, Elle, Queen, Playboy, Nova, Marie Claire, Stern)* und für die verschiedenen Ausgaben von *Vogue.* 1975 erste Einzelausstellung in Paris (Galerie Nikon). Der Art Directors Club in Tokio verlieh ihm 1976 einen Preis für das beste Foto, ebenso wie das Art Institute of Graphic Arts (1977, 1980) und der Art Directors Club von Deutschland (1978, 1979). Seit 1984 fotografiert er für die Zeitschrift *L'Égoïste*. Lebt in Monte-Carlo.
Weltweit zahlreiche Einzel- und Gemeinschaftsausstellungen über Mode und Porträts: Photokina (1982), Retrospektive im Musée d'Art Moderne de la Ville de Paris (1984), Amsterdam Foto Fundation (1986), Palais de l'Europe, Menton (1986), Bonn (1987).
Newton ist Modefotograf, jedoch auch ein äußerst genauer Chronist einer Gesellschaftsklasse, die ihn fasziniert und die er mit seiner Phantasie und seinem Können auf brillante Weise bloßstellt.

Femmes secrètes (Paris, Laffont, 1976), *Nuits blanches* (Filipacchi, 1978), *Un monde sans hommes* (Filipacchi, 1984), *Helmut Newton, Portraits,* (Paris, Nathan, 1984), *Helmut Newton, photographies* (Paris, Photopoche-CNP, 1986), *Helmut Newton, portraits* (Paris, Nathan, 1987).

Niepce, Janine
Ihr Geburtsdatum ist nicht öffentlich bekannt. Mit Nicéphore Niepce entfernt verwandt. Kindheit und Jugend in Paris und Burgund. Universitätsabschluß in Kunst und Archäologie. Ihr Professor an der Sorbonne riet ihr, Fotografin zu werden. Belegte Fernkurse bei *Prisma*, wo 1945 auch ihre ersten Fotos veröffentlicht wurden. 1947–55 Reportagen für die Tourismusverwaltung. Aus Interesse am Leben auf dem Land, an der Gesellschaft und dem Feminismus arbeitete sie immer häufiger über diese Themen. Ging 1955 zur Agentur Rapho. Beteiligte sich dann an zahlreichen Ausstellungen in Frankreich und in anderen Ländern: »Six photographes et Paris« (Paris 1965), »Aujourd'hui les femmes« (Montreal, 1967), »Des Français« (Washington, 1969), Musée Nicéphore Niepce (Châlon-sur-Saône, 1979), »Instants d'aujourd'hui et d'hier« (FNAC, 1982), »France 1947–1992« (1992). Zahlreiche weitere Veröffentlichungen in Zeitschriften, Tageszeitungen und Büchern.
Le Livre de Paris (Paris, Flammarion, 1957), *La Vie des femmes (*Gonthier, 1963), *Ce monde qui change* (Guilde du Livre, 1970), *Dijon, le temps de vivre* (Paris, Denoël, 1981), *France* (La Martinière, 1992), *Les années femme* (La Martinière, 1993) und *Image d'une vie* (La Martinière, 1995), eine Bilanz über den Lebensweg einer Fotografin, die sich engagiert immer wieder dem Leben der Französinnen, ihren Lebensbedingungen und ihrem alltäglichen Kampf widmete.

Parry, Roger (1905–1977)
Geboren in Paris. Malerei- und Architekturstudium. 1923–25 École des Arts Décoratifs. Ging 1926 als Architekt und Dekorateur zum Kaufhaus Le Printemps und entwarf dort gemeinsam mit anderen Plakate für die Bücher des Verlagshauses Gallimard. In diesem Zusammenhang begann er sich für Fotografie zu interessieren. Begegnung mit Maurice Tabard, der ihm sein Können vermittelte. Illustrierte 1929 Léon-Paul Fargues Buch *Banalité* (NRF) mit experimentellen Bildern, die ihn plötzlich bekannt machten (er wurde 1930 in dem berühmten Heft von *Arts et métiers graphiques* publiziert). Stellte beim »Salon de l'Araignée« und in München aus. Hauptberuflich Fotograf. Arbeitete gemeinsam mit Tabard bei Deberny-Peignot und beteiligte sich an zahlreichen Werbekampagnen. Ging 1930 nach Afrika. Im Jahr darauf nahm er seine Mitarbeit in der Reihe NRF bei Gallimard wieder auf, arbeitete außerdem für den *Figaro artistique* und für *Marianne, Voilà, Détective* und bald auch für *Vogue, Regard* und *Vu*. 1932 war er bei der New Yorker Ausstellung über den Surrealimus vertreten. Ging 1933 nach Ozeanien und veröffentlichte im Jahr darauf *Tahiti* (Gallimard). 1932 Mitglied der »Association des écrivains et artistes révolutionnaires« (AEAR), weshalb er die experimentelle Fotografie zugunsten der sozial engagierten aufgab. Trat im September 1939 in die Redaktionen von *Marie Claire* und *Match* ein und arbeitete während des Krieges für *La Semaine*.
Bei der Befreiung Mitglied des Befreiungskomitees der Fotojournalisten. 1945–47 Exklusivreporter bei Agence France-Presse (AFP). Aufgrund der Wandlung der Presse machte er ab 1948 keine Reportagen mehr. Wurde von Gallimard und unter der Leitung von André Malraux mit der Bebilderung und dem Satz der großen Reihe *L'Univers des formes* betraut. Roger Parry hörte 1977 auf zu fotografieren und starb im selben Jahr.
Roger Parry, le météore fabuleux (Paris, Marval, Mission du Patrimoine photographique, 1996).

Plossu, Bernard (1945)
Geboren in Dalat (Südvietnam). 1951–62 Ausbildung in Paris. Unternahm mit seinem Vater 1958 eine erste Reise in die Sahara und machte mit einer Brownie Flash erste Aufnahmen. Ging 1965 nach Mexiko, um eine Expedition in den Dschungel von Chiapas als Fotograf zu begleiten. 1967 Rückkehr nach Paris und Mitarbeit bei *Atlas* und der Agentur Marco-Polo. 1967–77 zahlreiche Reisen in Frankreich und den USA. Seine Bilder wurden in *Photo, Partir, Atlas* und *Réalités* veröffentlicht. Aufenthalte in Indien (1970), im Niger, wo er den Bororos-Nomaden begegnete, in Marokko (1975) und im Senegal (1976). Schuf 1970 seine »surbanalistischen« Sequenzen (1972 bei Chêne veröffentlicht). Erhielt 1977 den zweiten Platz des Kritikerpreises, fuhr in Ägypten den Nil hinauf und ließ sich in Taos (USA) nieder. Bereiste und fotografierte 1979–82 Neumexiko. Unterrichtete dann in Arizona und in Oklahoma. Erhielt 1986 den »Grand prix national de la photographie«, sowie das Stipendium »Hors les murs« der Villa Médici und konnte so in die Türkei, nach Mali und Indien reisen. Lebte 1989–92 mit der Fotografin Françoise Nuñez und den gemeinsamen Kindern Joaquim und Manuela in Andalusien. Ließ sich 1992 in La Ciotat nieder.
Stellte in den wichtigsten Museen in Frankreich und in anderen Ländern aus. Das Werk Bernard Plossus, eines Fotografen mit Instinkt, wechselt unaufhörlich zwischen zwei Momenten: Seine beschaulichen und mit großer Genauigkeit fotografierten lichten Landschaften, die er immer wieder durchstreift, sind brillant. Auf der anderen Seite, besonders im städtischen Rahmen, verfällt er einer Hyper-Spontaneität, agiert mit blitzschnellem Blick. Seine Fotos sind genau konstruiert oder simple Spuren, immer jedoch zeugen sie von großer emotionaler Beteiligung.
Go West (Paris, Chêne, 1976), *Le voyage mexicain* (Paris, Contrejour, 1979), *Égypte* (Photoeil, 1979), *The African Desert* (1987), *Chronique du retour* (Argraphie, 1987), *Paysages Intermédiaires* (Paris, Contrejour, 1988), *Le Jardin de Poussière* (Paris, Marval, 1989), *Nuage/Soleil* (Paris, Marval, 1994), *Bernard Plossu 1963–1983* (Katalog AFAA, 1994), *Le souvenir de la mer* (La Réserve, 1995), *Routes* (Paris, Marval, 1997).

René-Jacques (1908)
Mit richtigem Namen René Giton. In Phnom Penh (Kambodscha) geboren. Fotografiert seit 1925. Wurde 1930 Fotoillustrator; Veröffentlichungen in zahlreichen Vorkriegszeitschriften, besonders in den jährlichen Bildbänden von *Arts et métiers graphiques*. Mehrere Gemeinschaftsausstellungen in Paris und in New York (MoMA, 1937). Wurde mit *Envoûtement de Paris*, 1938 mit einem Text von Francis Carco veröffentlicht (Grasset, Neuauflage 1988 bei Nathan), als hintergründiger Fotograf von Paris bekannt. 1938–39 Standfotograf. 1941 Mitglied der Gruppe »Le Rectangle« und 1946 der »Groupe des XV«. Gründete 1945 die Sektion der Werbefotografen und Fotoillustratoren innerhalb der Gewerkschaft der Werbegrafiker. Illustrierte bis 1975, dem Jahr, als er sich zur Ruhe setzte, enorm viele touristische und dokumentarische Bücher sowie Werbebroschüren. Beteiligte sich an »Paris 1950 photographié par le groupe des XV« in der historischen Bibliothek der Stadt Paris (1983) und präsentierte eine große Retrospektive seines Werkes in der Fondation Nationale de la Photographie in Lyon (1984), dann im Palais de Tokyo in Paris (Mission du Patrimoine Photographique 1991). Beteiligte sich an zahlreichen anderen Ausstellungen: Société Française de Photographie (1989), Bibliothèque Historique de la Ville de Paris (1989). Überließ sein Werk dem französischen Staat 1990 als Schenkung und wurde im selben Jahr zum Ritter der Ehrenlegion ernannt.
René-Jacques, ein technisch hervorragender Fotograf, schuf durch seine Schlichtheit und seine Fähigkeit, den flüchtigen Augenblick festzuhalten, zeitlose Bilder. Sie gründen in harmonischen Formen und seiner Art, das Licht einzufangen und spiegeln so das Wesen der alltäglichen Wirklichkeit wider.
René-Jacques (AFDP/La Manufacture, 1991), *René-Jacques, chronique d'époque* von Jean-Claude Gautrand (Paris, Belfond, 1992).

Rigoulet, Gilles (1955)
Geboren im normannischen Conches. Begann 1975 für ein Wochenblatt im Departement Eure zu fotografieren. Verband Auftragsarbeiten mit eigenen Versuchen. Wurde zum Zeugen unseres Alltags in den Städten Frankreichs, aber auch anderswo auf der Welt. Seine Arbeiten wurden in Evreux gezeigt (1978, 1983), in Caen (1978), in der Pariser Museumsgalerie der SEITA (1984) und im Canon-Showroom in Amsterdam (1989). Seine Arbeiten über die Welt der Schwimmbäder wurden 1987 im *Photo magazine* publiziert. Seit 1984 finden sich seine Bilder in verschiedenen Tageszeitungen (*Libération, Le Monde*) und den wichtigsten Magazinen Europas wie *Grands reportages, Géo*, in den Produkten der Gruppe Bayard Presse oder auch in *Il Vernerdi*. Setzt seine Reportageserie über die Länder dieser Erde fort.

Ronis, Willy (1910)
Geboren in Paris. Höhere Schulbildung und musikalische Ausbildung. Machte 1926 erste Ferienfotos und begann, Paris zu fotografieren. Arbeitete ab 1936 als Fotoreporter und freiberuflicher Illustrator. Erste Veröffentlichungen. Begegnung mit »Chim«. Erste Reportage für *Plaisir de France*. 1938–39 Sozialreportagen (zu den Streiks bei Citroën) und Arbeiten im Umfeld des Tourismus. Setzte sich 1943–44 in die »zone libre« ab, in den unbesetzten Teil Frankreichs. Arbeitete nach der Befreiung eine Zeitlang für *Life*. Zahlreiche Veröffentlichungen in Wochen- und Monatszeitschriften. Mitglied der »Groupe des XV« (1946). Ging zur Agentur Rapho. Erhielt 1947 den Kodak-Preis und 1957 bei der Biennale von Venedig die Goldmedaille. 1960–70 Illustrationen für zahlreiche Publikationen und Verlage. Reportage in Algier. Verließ Paris 1972, um sich in Südfrankreich niederzulassen. Unterrichtete an den Universitäten von Aix-en-Provence und Marseille. »Grand prix des arts et des lettres« im Jahre 1979. 1980 Ehrengast bei den »Rencontre d'Arles«. Für seinen Bildband *Au fil du hasard* (Paris, Contrejour) erhielt er 1981 den »Prix Nadar«. Überließ sein Werk 1983 dem französischen Staat als Schenkung und zog wieder nach Paris. Neuauflage von *Belleville-Ménilmontant* (Paris, Arthaud, 1984, Erstauflage 1954). Publizierte nun zahlreiche Bücher: *Mon Paris* (Paris, Denoël, 1985), begleitet von einer Retrospektive im Palais de Tokyo in Paris, *Willy Ronis* (Paris, Belfond, 1983), *Willy Ronis* (Paris, Photopoche-CNP, 1991), *Toutes belles* mit einem Text von Régine Deforges (Hoëbecke, 1991), *A nous la vie! 1936–1958,* Text von Didier Daeninckx (Hoëbecke, 1996). Zahlreiche Ausstellungen weltweit: New York, Moskau (1986, 1989), Washington, Tokio, Oxford (1995).

Sarramon, Christian (1942)
Geboren in Toulouse. Höhere Schulbildung; lernte auch zeichnen und malen. Studium der Rechts- und der Politikwissenschaft, das er mit einer Dissertation abschloß. Leistete seinen Militärdienst 1968 im Rahmen der Entwicklungshilfe in Bolivien. Entdeckte dort die Fotografie. Arbeitete 1970–80 parallel als Verleger im Presse- und Verlagswesen (Groupe Express, *L'Expansion*, Éditions du Moniteur, Contrejour) und als Fotojournalist. Entschied sich 1980 endgültig für die Fotografie. Reist für Fotografien zu seinen bevorzugten Themen (Architektur, Kultur, Kunst, Innenarchitektur, Leben in der Stadt) durch die Welt. Mitarbeiter zahlreicher Fachzeitschriften (*Architectures d'aujourd'hui, Figaro magazine, Géo, Grands reportages, Vogue décoration, Maisons et jardins, Gault et Millau, Cuisine et vins de France* u. a.)
Publizierte zahlreiche touristische Werke über französische Provinzen und Dörfer und die weite Welt. Ausstellungen in Paris (1976, 1977), in San Francisco (1979), im Musée Cantini in Marseille (1985) und im Centre Georges Pompidou (1986).

Schall, Roger (1904–1995)
Geboren in Nancy. Seine Familie zog 1911 nach Paris, wo er Zeichen- und Malunterricht erhielt. Arbeitete von 1918–26 mit seinem Vater, einem Fotografen, zusammen. 1929 Kauf einer Leica und Beginn einer Serie von Aktfotos, von denen einige in *Paris magazine* veröffentlicht wurden. 1931 eröffnete er ein Atelier auf dem Montmartre und arbeitete für Zeitschriften wie *Art vivant, Vu* und *Visages du monde*. Modereportagen für *Vogue* (1934). Arbeiten über die Olympischen Spiele in Berlin für *Vu* (1936). Ab 1937 machte er mehr und mehr Reportagen über das gesellschaftliche Leben. War ab 1938 regelmäßiger Mitarbeiter von *Match* und wurde als solcher zum Nürnberger Parteitag geschickt. *Life* bestellte eine Reportage über die Schweiz und das Leben in einer Nazi-Familie. Wurde im Krieg zum militärischen Bilderdienst einberufen. Arbeitete anschließend für *Marie Claire, 7 jours* und andere Zeitschriften. Machte Fotos der besetzten Hauptstadt. Viele seiner Aufnahmen erschienen 1944 in dem Band *Paris sous la botte des nazis*. 1946 bestellte das Innenministerium eine Reportage über Algerien bei ihm. Das Atelier Schall arbeitete bis 1967 (Reportagen, Werbekampagnen, Mode). Im Jahr 1967 übernahm es sein Sohn Frédéric.
Paris de jour (Arts et métiers graphiques, 1937), *Reflets de France* (R. Schall, 1942).

Séeberger
Jules (1872–1932), Louis (1874–1946) und Henri (1876–1956) gründeten eine richtige Dynastie von Fotografen. Höhere Schulbildung in Lyon, anschließend in Paris. Ausbildung zum Zeichner an der École Bernard Palissy. 1898 nahm Jules erste Bilder vom Montmartre auf, während Henri ein Zeichenatelier gründete. Beide beteiligten sich an den jährlichen Wettbewerben der Stadt Paris 1904–07. Erste Veröffentlichungen 1905 in *L'Illustration*. Publikation von Postkarten über den Montmartre. Im Auftrag des Postkartenverlegers Verger begannen Jules und Henri 1906 mit ihrer Serie über französische Städte. Bald schloß Louis sich ihnen an. Ein Jahr später, nach dem Ende ihrer Tour de France, erhielten die Séebergers bei der Ausstellung der Stadt Paris eine Goldmedaille außer Konkurrenz. Stellten gemeinsam mit den Vertretern der künstlerischen Fotografie, der »pictorial photography«, auch im Palais de Glace aus und setzten ihre Versuche in diesem Bereich bis 1914 fort. Ab 1908 Reportagen über die Mode und das gesellschaftliche Leben für *Mode pratique*. Arbeiten für die berühmten Couturiers. Zahlreiche internationale Veröffentlichungen. 1910 entstanden erste Autochrom-Aufnahmen, Reportage über die Überschwemmungen in Paris. Geburt von Jean, dann, vier Jahre später von Albert. Nach dem Ersten Weltkrieg hörte Jules auf zu fotografieren, während seine Brüder weiterhin das mondäne Leben ablichteten für Zeitschriften wie *Jardin des Modes, Vu, Adam, Harper's Bazaar* und *Noir et blanc*. 1923 bestellte eine Agentur aus Hollywood Aufnahmen von Paris. Sie sollten den Film-Studios als Vorlage für den Kulissenbau dienen. Der Auftrag beschäftigte ihn bis 1931. Jean und Albert stiegen ins Geschäft ein. 1939 wurden sie eingezogen, und als sie 1940 nach Paris zurückkehrten, übernahmen sie das Studio. Es folgten Fotos vom besetzten Paris, von der Befreiung, aus der Mode und von berühmten Persönlichkeiten. Mitglieder der »Groupe des XV«. Ihr Studio am Boulevard Beaumarchias schloß endgültig am 1. April 1977.
Eine Familie, die sich ganz der Fotografie verschrieben hatte und zum nationalen Erbe Frankreichs beitrug, indem sie einen wundervollen Spiegel Frankreichs zu Beginn unseres Jahrhunderts und vom Leben der Belle Époque hinterließ.
La France 1900 vue par les frères Séeberger (Paris, Belfond, 1979), *Les Séeberger, l'aventure de trois frères photographes au début du siècle* von Jean-Claude Gautrand (La Manufacture, 1992).

Seymour, David »Chim« (1911–1956)
Hieß richtig David Szymin und wurde in Warschau geboren. Emigrierte 1914 mit seiner Familie nach Rußland, kehrte 1919 aber nach Warschau zurück. Diplom an der Akademie für Graphische Künste in Leipzig (1931). 1931–33 Studium an der Sorbonne. Begann für verschiedene Zeitungen und Zeitschriften als freier Fotograf zu arbeiten, für *Vu, Ce soir, La Vie ouvrière*, vor allem für *Regards*. Im Jahr 1935 fotografierte er Malraux und Romain Rolland und nahm am Pariser Kongreß zur Verteidigung der Kultur teil. Fotografierte im Spanischen Bürgerkrieg 1936 und bei anderen Ereignissen in Europa. Im Jahr 1939 Reportage über die spanischen Royalisten in ihrem mexikanischen Exil. Ließ sich 1940 in New York nieder. Erhielt zwei Jahre später die amerikanische Staatsbürgerschaft. Meldete sich freiwillig zur amerikanischen Armee und wurde im fotografischen Aufklärungsdienst eingesetzt.
1946–1956 zahlreiche Reisen. Im Jahr 1947 Mitbegründer der Agentur Magnum, fotografierte verlorene, verkrüppelte, verwaiste Kinder. Die UNESCO gab ihm den Auftrag für ein Buch zu diesem Thema, das unter dem Titel *Children of Europe* (1948) erschien. 1954–56 Präsident von Magnum. Unternahm 1956 eine Reportage über den Suezkanal, wo er am 10. November durch ägyptisches Maschinengewehrfeuer getötet wurde, wenige Tage nach dem Waffenstillstand. Posthume Ehrung durch den »Overseas Press Club New York«, 1957.
Einzelausstellungen: »Photokina« 1958, Zürich 1966. Retrospektive an der School of Visual Arts in New York 1967.
The Vatican (1950), *Little Ones* (1957), *David Seymour »Chim«* (1967), *David Seymour Chim – 1911/1956* (1974).

Sieff, Jeanloup (1933)
Geboren in Paris. Fotografiert seit seinem 15. Lebensjahr; freier Fotojournalist. Zahlreiche Reportagen. Wurde 1955 von *Elle* verpflichtet, anfangs als Fotoreporter, später als Modefotograf. Kündigte 1958, um sich der

Agentur Magnum anzuschließen, die er 1959 wieder verließ. Arbeitete dann für *Réalités* und *Jardin des Modes*. Erhielt 1959 den »Prix Niepce«. Ging 1961 nach New York. Arbeiten für *Glamour, Harper's Bazaar, Look* und *Esquire,* danach in Europa für *Vogue, Twen, Elle* und *Queen*. Rückkehr nach Paris 1966. Werbefotos und -filme, zahlreiche Ausstellungen in den großen internationalen Museen. Im Jahr 1978 Direktor der Reihe »Journal d'un voyage« im Verlagshaus Denoel.
Die formale Qualität, der Wechsel in den Bildeinstellungen, der Gebrauch des Weitwinkels, die kontrastreichen Abzüge Sieffs hatten und haben einen nicht zu unterschätzenden Einfluß auf die heutige Vorstellung von Fotografie.
La Vallée de la mort (Paris, Denoel 1978), *Best of Nudes* (1980), *Portraits de dames assises, de paysages triste et de nus mollement las* ... (Paris, Contrejour, 1982), *Derrières* (Paris, Contrejour, 1994).

Soulier, Charles (geb. vor 1840, gest. nach 1875)
Arbeitete ab 1854 mit Clouzard. Eröffnete 1859 gemeinsam mit Ferrier ein Geschäft am Pariser Boulevard Sébastopol für den Verlag und den Verkauf von stereoskopischen Ansichten. Ein reichhaltiger Katalog offerierte höchst vielfältiges Material aus der ganzen Welt, aber auch über Paris. Schuf 1869 eine Serie von Aufnahmen bei einer Mont-Blanc-Besteigung, anschließend wundervolle Serien mit Bergaufnahmen.
Zahlreiche Ausstellungen in Paris (zwischen 1861 und 1869), Amsterdam (1862), Berlin (1869), Brüssel (1857) und London (1858).

Steichen, Edward (1879–1973)
Geboren in Luxemburg. Seine Familie emigrierte 1881 in die Vereinigten Staaten. Ab 1894 Lehrling der Lithografie in Milwaukee. Machte seine ersten Aufnahmen 1896 und stellte drei Jahre später in Philadelphia aus. Im Jahr 1900 ging er nach Paris und nahm an der Académie Julian Unterricht. Nachdem er in London ausgestellt hatte, nahm er an einem Salon in Chicago teil, wo Stieglitz auf seine Bilder aufmerksam wurde. Damit begann ihre Zusammenarbeit. Zeigte 1901 in Paris seine Fotos von Rodin und von dessen Skulpturen. Mitglied der Bewegung »Linked Ring« und gemeinsam mit Stieglitz Mitbegründer der »Photo-Secession«. Seine Fotografien erschienen im zweiten Heft von *Camera Work*. Nach seiner Rückkehr nach Paris 1906 stellte er den Kontakt zwischen Stieglitz' Galerie 291 und zeitgenössischen französischen Künstlern wie Matisse, Rodin, Brancusi und Picasso her, die in der Folge bei Stieglitz ausstellten. Ließ sich in Voulangis (Departement Seine-et-Marne) nieder, beschäftigte sich mit Modefotografie.
Der Erste Weltkrieg zwang ihn zur Rückkehr in die USA. Er leitete den in Frankreich stationierten Bilderdienst der US-Luftwaffe. Wurde 1919 zum Ritter der Ehrenlegion ernannt. Im Jahr 1923 eröffnete er ein Studio in New York, wo er Porträts und Modefotos für Condé Nast schuf. Erste Ausstellung im New Yorker MoMA 1932. Im Zweiten Weltkrieg leitete er den Bilderdienst der US-Marineluftstreitkräfte. Wurde 1947 Direktor der fotografischen Abteilung des MoMA, wo er 44 Ausstellungen einrichtete, deren berühmteste, die »Family of Man«, weltweit gezeigt und von mehr als 11 Millionen Menschen gesehen wurde (1955). Gab seinen Posten 1962 auf und veröffentlichte im Jahr darauf seine Autobiographie, *A Life in Photography* (Doubleday). Starb 1973 im Bundesstaat Connecticut.
Eine Karriere ohnegleichen erlaubte es Steichen, in allen Genres der Fotografie zu glänzen und in zahlreichen Bereichen erneuernd zu wirken.

Stettner, Louis (1922)
Geboren in Brooklyn, New York. 1928–38 Ausbildung in Brooklyn. Bekam 1935 seinen ersten Fotoapparat; entdeckte die Arbeiten von Stieglitz und Weegee. 1941–45 Fotoreporter in der amerikanischen Infanterie (Pazifikkrieg). Nahm 1947 an der »Photo League« teil und organisierte die erste Ausstellung französischer Fotografen in New York (Brassaï, Boubat, Doisneau, Izis). Reisen in verschiedene europäische Länder. Arbeitete 1949–79 als freier Fotograf für *Life, Time, Paris Match, Fortune, National Geographic* u. a. Erhielt 1951 den ersten *Life*-Preis für junge Fotografen. 1952–56 Studium am IDHEC. Bis 1962 arbeitete er in Paris, 1965–70 in New York. Unterrichtete an der Long Island University (1973–79).
Fotografiert Menschen, Landschaften und Stilleben gleichermaßen strikt und macht ebenso sorgfältige Abzüge.
Zahlreiche Ausstellungen weltweit.
Paris, Street Stories (1949), *Women Portfolio* (1976), *Sur le tas* (Cercle d'art 1979), *Early Joys. Photographs 1947–1972* (Janet Ifland, 1987), *Sous le ciel de Paris* (Parigramme, 1994), *Louis Stettner's New York* (1996).

Stock, Dennis (1928)
Geboren in New York. Ging nach dem Militärdienst als Lehrling zu Gjon Mili (1947–51). Erster Preis beim *Life*-Wettbewerb für junge Fotografen 1951. 1951 assoziiertes Mitglied von Magnum, 1954 dann Mitglied. Im Jahr 1955 fotografierte er regelmäßig James Dean. 1957–62 Aufnahmen von Jazzmusikern. Erster Preis beim Internationalen Fotowettbewerb in Polen (1962). Gründete 1968 eine Filmgesellschaft. Unterrichtete in zahlreichen Fotoateliers. Eine große Retrospektive seines Werkes fand am New Yorker ICP im Jahr 1977 statt.
Portrait of a Young Man: James Dean (Kadokawa Shoten, USA, 1956), *Jazz Street* (Doubleday, 1960), *The Happy Year* (1963), *Living our future: Francis of Assisi* (Franciscan Herald, 1972), *The Circle of Seasons* (Viking Press, 1974), *American Sun* (Paris, Contrejour, 1980), *Impression, Fleurs* (Menges, 1986), *Hawai* (Abrams, 1988).

Tabard, Maurice (1897–1984)
Geboren in Lyon. Musikstudien, dann Seidenmaler in einer Lyoner Tuchfabrik. Ging 1918 in die USA und belegte Kurse am New Yorker Institut für Fotografie. Wurde Assistent des großen Porträtisten Bachrach. Arbeitete nach seiner Rückkehr nach Frankreich 1928 für *Le Journal des modes, Vu* und *Vogue*. Spezialisierte sich auf Werbung und Mode: *Jardin des Modes, Marie Claire*. Schuf für das Studio Deberny-Peignot, für das er 1930/31 arbeitete, in den Jahren 1928–30 auch Layouts und Werbekompositionen. Nahm 1929 an der Internationalen Ausstellung des Werkbundes *Film und Foto* in Stuttgart teil und wurde in den Band *Foto-Auge* aufgenommen. Veröffentlichungen u. a. in *Arts et métiers graphiques* und *Modern Photography*. Zahlreiche Ausstellungen. Widmete sich ab 1930 für drei Jahrzehnte der Verfremdungstechnik der Solarisation. Wurde 1939 Direktor des Fotostudios von *Marie Claire* in Lyon. 1943–45 Fotograf der »Societé des films Gaumont«. 1946 konnte Alexei Brodowitsch, Art-Director bei *Harper's Bazaar* und bei *Vogue*, ihn dafür gewinnen, in die USA zurückzukehren. Setzte seine eigenen Recherchen fort und unterrichtete an der Universität Winona. Begann 1949 mit der Redaktion seiner Analyse der Kunstformen: *La géometrie est la fondation des arts*. Kehrte 1951 als freier Fotograf nach Frankreich zurück. Arbeiten für *Vogue, Elle, Jazz magazine, Marie Claire, Jardin des Modes*. Setzte seine Fotoexperimente fort. Zog sich 1980 nach Nizza zurück. Erhielt 1983 den »Grand prix national de la photographie«.
Tabard, dieser Hexenmeister der Form, bewies immer eine Neugier, eine Phantasie und geistige Offenheit, die seine Bilder, verbunden mit seinem Sinn für die Linienführung und die Harmonie der Formen, besonders originell erscheinen ließen.

Thibault
Wir besitzen keine genauen Informationen über diesen Fotografen, der am 25. und 26. Juni 1848 von einem Fenster aus Daguerreotypien von den in der Rue Saint-Maur errichteten Barrikaden aufnahm. Zwei davon wurden im Juli 1848 in der Zeitung *L'Illustration* als Holzschnitte abgebildet. Die erste war am Sonntag morgen vor dem Angriff von General Lamoricière aufgenommen worden, die andere am Montag morgen, als sich die Menge nach den Kämpfen wieder auf die Straße wagte.

Turnley, David C. (1955)
Geboren in Indiana (USA), Bruder von Peter Nelson T. Diplom in französischer Literatur an der Universität von Michigan (1977), seit 1980 Fotograf für die *Detroit Free Press*. Lebte 1985–87 in Südafrika. Seine Arbeiten wurden publiziert in *Why are they weeping: South Africans under apartheid*. Erhielt dafür 1985 einen der Preise der World Press, den »Overseas Press Club Award« und im selben Jahr den »Canon Essay Award«.
Anschließend coverte er alle Großereignisse dieser Welt und erhielt eine Vielzahl von Auszeichnungen: Foto des Jahres der World Press 1988 (Ar-

menien) und 1991 (Golfkrieg), den »Overseas Press Club Award« 1991 für die Qualität seiner Reportagen. 1990 erhielt er außerdem den Pulitzer-Preis und den »Robert Capa Award« für seine Fotos über die Ereignisse in Osteuropa und in China.
Lebt seit 1988 in Paris, Mitarbeiter der Agentur Black Star. Arbeitet mit seinem Zwillingsbruder Peter an zwei Büchern: *Moments of Revolution: Eastern Europe* und *Beijing Spring* über die Studentenrevolte 1989 in China. Seine Fotos werden häufig veröffentlicht in *Life, Paris Match, National Geographic, London Sunday Times, Stern* und *Géo.*

Turnley, Peter Nelson (1955)
Geboren in Indiana (USA), Bruder von David C. T. Ausbildung an der Universität von Michigan (1973–77), Studium in Paris an der Sorbonne (1975–76) und am Institut d'Études Politiques (1978–81). Kümmerte sich 1972 um die Fotos für seine College-Zeitung. Im Jahr darauf folgte eine Reportage über die Bewohner von Fort Wayne. 1975 Reportage über die Armenviertel von Los Angeles und San Diego. Aufenthalt in Paris und Beginn seiner Reportage über das Marais-Viertel. Rückkehr in die Vereinigten Staaten, wo er sein Studium beendete. Ließ sich 1978 in Paris nieder, arbeitete dort bei Pictural Service. Ging 1981 zur Agentur Rapho und arbeitete vorübergehend als Assistent Doisneaus. Veröffentlichungen in zahlreichen Zeitschriften und Magazinen: *Libération, Le Point, Le Nouvel observateur, New York Times, Zoom, Stern, Géo, Paris Match, Life, Sunday Times.*
Ausstellungen in New York (1973), Sacramento (1975), Paris (1982), Santa-Fe (1983) und im CNP (1983).
Heute arbeitet Peter Turnley für *Newsweek Magazine* (er schuf allein 37 Titel). Seine Bilder werden von der Agentur Black Star vertrieben. Seine Arbeit wurde ausgezeichnet mit dem »Overseas Press Club Award«; Ehrungen erhielt er auch im Zusammenhang mit »World Press Photo« und »Pictures of the Year«. Peter Turnley war als Fotograf Augenzeuge aller großen Konflikte des letzten Jahrzehnts. Parallel zu seinen großen Reportagen macht er weiterhin Schwarzweißaufnahmen von Paris.
Mit seinem Bruder: *Beijing Spring* Chronik der Ereignisse auf dem Platz des himmlischen Friedens (1989) und *Moments of Revolution.*

Vals, Pierre (1909)
Geboren im Arrondissement Montmartre. 1925 Retoucheur, später Kameramann. 1930 Militärdienst beim Filmdienst der französischen Marine. Rückkehr nach Montmartre, wo er 1935 Reporter wurde. Arbeitete für *L'Illustration*, später für *Vu*. Freundete sich mit den Malern der Butte-Montmartre (Dufy, Gen-Paul) und den Schriftstellern Céline und Marcel Aymé an. Fotografierte die von Gen-Paul eingerichteten Stände auf der Weltausstellung von 1937. Schloß sich 1938 der Gruppe um die Zeitschrift *Match* (Mangon, Kitrosser, Schall, Parry, Moral) an, die Prouvost damals lancierte. Machte für *Univers Match* eine Reihe von Reportagen über wichtige Persönlichkeiten in Kunst und Literatur. Nach der Demobilisierung 1941 machte er – auch diesmal für Prouvost, der sich nach Lyon zurückgezogen und dort *7 Jours* gegründet hatte – Reportagen über das Leben im besetzten Paris. Bei der Befreiung durchstreifte er die Straßen und fotografierte die Übergabe der Kommandantur an der Place de l'Opéra (die Archive gingen beim Brand des *Life*-Gebäudes verloren). 1946 Mitarbeiter von *Nuit et jour, Point de vue* und *France soir.* Schloß sich der Mannschaft um Prouvost an (der *Paris Match* gründete), arbeitete für die Agentur Gamma und die amerikanische Zeitung *National Enquirer.* Beteiligte sich an zahlreichen Gemeinschaftsausstellungen und an dem Bildband *Paris sous la botte des nazis* (Schall, 1944).

Weiss, Sabine (1924)
Geboren in Saint-Gigolph (Schweiz). Schulausbildung in Genf (1930–31). Begann 1938 zu fotografieren. 1942 Lehre bei Paul Boissonnas. Erwarb 1945 ihr Diplom als Fotografin. Ließ sich 1946 in Paris nieder. 1946–50 Assistentin des Modefotografen Maywald. Ging 1950 nach Kairo, um als freiberufliche Fotografin zu arbeiten. Arbeiten für *Vogue, Esquire, Life, Holiday, Time* u. a. Reisen in verschiedene Länder. 1953 Begegnung mit Robert Doisneau, der sie in die Agentur Rapho einführte. 1953–60 für Modefotos und Reportagen bei *Vogue* unter Vertrag. Hielt ab 1981 einige Fortbildungslehrgänge ab (in Arles, Lannion oder Châlon).
Ausstellungen: Art Institute of Chicago (1954), Musée Nicéphore Niepce (1982), Musée de l'Élysée in Lausanne (1987), Fondation Nationale de la Photo (1989), Perpignan (1995), Mexiko (1995).
J'aime le théâtre (Rencontre, 1962), *En passant* (Paris, Contrejour, 1978), *Intimes convictions* (Paris, Contrejour, 1989), *Vu à Pontoise* (Ville de Pontoise, 1992), *La Réunion* (Galerie Vincent residence Recreube, 1995).

Zuber, René (1902–1979)
Geboren im Département Doubs im französischen Jura. Ausbildung an der École Centrale des Arts et Manufactures, wandte sich jedoch bald der Buchherstellung zu. Ging deshalb 1927 nach Leipzig, in die Hauptstadt des Buches, wo sein Interesse für die Gestaltung von Fotobüchern geweckt wurde. Arbeitete in der Fotoabteilung von *L'Illustration* unter der Leitung von Sougez. Beteiligte sich 1929 an der Internationalen Ausstellung des Werkbundes »Film und Foto«. Arbeitete ebenfalls für eine der größten Werbeagenturen, für Damour. Gründete 1932 selbst ein Atelier, tat sich mit Boucher zusammen und engagierte Feher. Gehörte seit der Gründung 1934 der Agentur Alliance Photo an. Zahlreiche Veröffentlichungen in den illustrierten Zeitschriften von damals: *Art et médecine, Votre beauté, Vu, Regards, Voilà* oder *La Revue du médecin*, außerdem in einer Reihe von gemeinschaftlichen Fotobänden. Begeisterte sich für den Film und drehte eine Reihe von Dokumentarfilmen über den Nahen Osten. 1945 fotografierte er die Befreiung von Paris, gab das Fotografieren dann aber auf, um die Éditions du Compas zu gründen. Drehte in den fünfziger und sechziger Jahren eine Reihe von Filmen. Er starb 1979 in Paris.

REGISTER